천경호 선생님의

보통의 교실, 단단한 학급경영

천경호 선생님의
보통의 교실, 단단한 학급경영

초판 1쇄 펴낸날 2023년 2월 3일

지은이 천경호
펴낸이 홍지연

편집 홍소연 고영완 전희선 조어진 서경민
디자인 박태연 박해연
마케팅 강점원 최은 신종연
경영지원 정상희 곽해림

펴낸곳 ㈜우리학교
출판등록 제313-2009-26호(2009년 1월 5일)
주소 04029 서울시 마포구 동교로12안길 8
전화 02-6012-6094
팩스 02-6012-6092
홈페이지 www.woorischool.co.kr
이메일 woorischool@naver.com

ISBN 979-11-6755-092-7 03370

• 책값은 뒤표지에 적혀 있습니다.
• 잘못된 책은 구입한 곳에서 바꾸어 드립니다.

만든 사람들
편집 이선희
디자인 박태연

천경호 선생님의

보통의 교실, 단단한 학급경영

천경호 지음

우리학교

차 례

들어가는 말

모든 게 교실에 필요했다:
철학이 있는 학급경영, 성장하는 교실을 향하여

학급을 경영하는 방식은 교사의 교육철학을 바탕으로 이루어진다. 학습지도와 생활지도의 모든 장면에는 사람과 사회를 대하는 교사의 철학과 전문성이 드러난다. 학생 스스로 생각하고 답을 찾게 할 것인가, 교사의 지시를 따르게 할 것인가. 성적이 중요한가, 공부를 대하는 태도가 중요한가. 물건이 중요한가, 사람이 중요한가. 공문이 우선인가, 교육이 먼저인가……. 교실에서 부딪히는 모든 갈등의 순간에 우리에게는 길을 잃지 않을 나침반이 필요하다. 좋은 이론은 어두컴컴한 현실에서 어디로 나아가야 할지 알려주는 북극성과도 같다.

도대체 우리 교사들은 언제 교실에서 길을 잃는 것일까?

교단에 섰을 때 여러 선배 교사에게서 들었던 말이 있다. 3월 한 달은 웃지 마라. 3월에 아이들을 못 잡으면 선생 우습게 알고 1년 내내 고생한다. 어디선가 비슷한 말을 들은 기억이 있다. 어디였더라? 그렇다, 군대. 전세버스를 타고 철원에 있는 사단 신병교육대에 들어서자마자 이어지는 쌍욕과 때릴 듯이 야전삽을 휘두르던 조교들. 그들이 입버릇처럼 했던 말은 훈련병들 군기가 빠져서 잡아야 한다는 것이었다. 진짜 그래야 하는 건가? 나보다 경력 많은 선배 교사 이야기이니 믿어야 하는 것일까?

나는 낮은 임용 성적 때문에 9월 발령을 받아 4학년 학급 담임이 되었다. 이미 다른 선생님이 만들어놓은 학급문화 속으로 들어가야 하는 것이다. 발령받고 얼마 후 수업 중에 교실로 전화가 왔다. 급히 회의가 있으니 교무실로 내려오라는 연락이었다. 아이들에게 조용히 자리에 앉아 자습하라는 이야기를 하고 교실 문을 나서는데, 한 아이가 앞으로 나왔다. 아이는 반장이었고, 다른 친구들의 이름을 적기 위해 칠판 앞으로 나온 것이었다. 나는 아이를 자리로 돌려보내며 이제부터 떠드는 아이, 돌아다니는 아이 이름을 적지 말라고 했다. 반장의 역할은 친구를 지적하는 것이 아니라, 모범을 보이는 것이라고 타일렀다. 선배 교사들의 학급경영에 처음으로 의문을 품은 순간이었다.

초보 교사였던 나는 매일 칠판에 명언을 적고, 아이들에게 읽게 하고 제 생각을 쓰게 했다. 왜 써야 하느냐고, 쓰기 싫다고 하는 아이들에게 그저 너희에게 도움이 되니까, 좋은 말이 너희가 잘 자라는 데 필요하니까 써야 한다고 말했다. 사실은 그냥 좋을 것 같아서 하라고 했을 뿐이었다. 내게 좋았으니까 아이들에게도 좋을 거라는 온전한 혼자만의 생각이 내 교육 활동의 얄팍한 이론적 근거였다. 나는 아이들에게 교사이자 어른인 내 지시를 묻지도, 따지지도 말고 따르라고 '통보'했던 것이다.

학교에서 하는 대부분의 교육 활동이 그랬다. 이를테면 지금은 사라진 특별구역 청소가 그랬다. 선배들이 했으니까, 청소할 사람이 없으니까 너희가 해야 한다고 했다. 교실도 아닌 복도, 화장실, 특별구역 청소를 왜 해야 하는지, 어떤 의미가 있는지 아이들을 제대로 이해시키지 못했다. 청소 때문에 교사와 학생 사이에, 학생과 학생 사이에 갈등이 생겼으나 누구도 특별구역 청소를 해야 하는 타당한 근거를 말해주지 않았다. 선거를 통해 교실 임원이 선출되었음에도 당선증이 아닌 임명장을 주었다. 학급 환경미화 심사 기준이 교육 활동에 어떤 영향을 미치는지 아무 설명도 듣지 못한 채, 학교장 혹은 고경력 교사들의 주관적 판단 아래, 우리 반은 동료 선생님들로부터 칭찬을 받거나 비난을 들어야 했다.

교사이자 교육을 하는 당사자이자 주체였지만 나는 학교를 이해할 수 없었고, 학교에서 일어나는 교육 활동을 납득할 수 없었다. 그래서 나 스스로 이해하고 받아들일 만한 이유가 필요했다. 답답하기만 했던 나는 오랫동안 날마다 조금씩 책을 읽고 강의를 듣고 논문을 공부하며 내가 부딪친 벽이 무엇인지 시나브로 알게 되었다. 그 과정에서 학급을 경영하는 바탕에는 교사의 인간관, 세계관, 가치관 같은 철학이 필요하고, 그 철학을 구현할 이론이 필요하다는 것을 깨닫게 되었다.

교실에서 자주 접하는 세 가지 문제 상황을 예로 들어보자. 첫 번째, 매일 지각하는 아이가 있다. 집에 전화를 해도 잘 받지 않는다. 아이 스마트폰은 꺼져 있을 때가 많다. 벌점을 주면 아이가 일찍 올까? 야단을 치면 지각을 안 할까? 아니면 출석부에 지각을 기록하고 아이에게 통보하면 될까? 벌점을 주는 건 처벌에 가깝다. 앞으로 벌어질 일에 대한 일종의 경고일 뿐, 지금 당장 아이에게 고통을 주지는 않는다. 벌점으로 인해 진학에 문제 생길 것을 걱정하지 않는, 진로에 무관심한 아이라면 더더욱 그렇다. 어떻게 해야 아이 스스로 지각하지 않고 학교에 일찍 오게 할 수 있을까?

두 번째, 매일 다투는 아이가 있다고 하자. 싸움을 말리고 서로 화해시켜도 그때뿐, 돌아서면 또 시비를 걸거나 싸우고 있다. 크게 야단치면 아이는 더 이상 안 싸울까? 부모에게 알리면 아이의 문제행동이 즉각 수정될까? 사과하게 하고 반성문을 쓰게 하면 아이는 더 이상 친구에게 시비를 걸지 않고 싸우지 않게 될까? 학급회의에서 결정한 학급 규칙을 왜 따르지 않느냐고 묻는다면 아이는 자신이 규칙을 어길 수밖에 없었던 까닭을 이해할 수 있게 설명할 수 있을까? 나는 한 번도 이런 방법으로 아이의 문제행동이 소거되거나 감소한 일을 본 적이 없다. 도대체 어떤 방법으로 아이가 친구들과 사이좋게 지내도록 가르칠 수 있을까?

세 번째, 수업할 때마다 질문에 대답하지 못하고 모둠 활동에서 자주 배제되는 아이가 있다. 교사가 가까이에서 자세히 여러 차례 설명해야 이해하고 자기 생각을 말하지만, 답이 아닐 때가 많다. 모둠 활동에서도 과제를 이해하지 못 하고 무엇을 해야 할지 모른다. 이를 지켜본 다른 모둠원은 정해진 시간의 압박에 따라 자신들끼리 과제를 수행하거나, 과제 기여도가 낮은 역할을 아이에게 부여하게 된다. 아이의 문제일까? 다른 모둠원의 문제일까? 아니면 교사의 수업 방식에 문제가 있는 것일까?

과연 어떤 지도 방식이 교실의 문제를 해결해줄 수 있을까? 이런 문제 상황으로 가득 찬 교실에서 고군분투하던 나는 미처 더 나은 지도 방식을 고려하지 못한 채, 대부분 선배 교사의 경험이나 개인적 판단으로 지도했다가 후회하는 때가 많았다.

지금 이 순간에도 과거의 나와 같은 고민과 지도 방식으로 힘들어하는 동료 선생님들에게 도움을 주기 위해 이 책을 썼다. 길을 잃은 순간, 나침반이 되어줄 학자들의 연구를 찾고 또 찾아 실천해온 내 삶이 조금이나마 도움이 될까 싶어서다. 사실 이 책에 소개된 이론과 지도 방식이 가장 옳다고 생각하지는 않는다. 지금도 지구상 어디선가 분명 더 나은 방식으로 아이들을 가르칠 수 있다는 연구들이 이루어지고 있을 것이다.

이 책은 특별한 두 집단, 즉 교사인 나의 작은 그릇을 드러내준 아이들과 부족한 내가 더 나은 교육을 할 수 있도록 영감을 준 수많은 학자 덕분에 쓰였다고 할 수 있다. 아이들이 던져준 질문을 풀기 위해 나는 학자들 이야기에 귀를 기울여야 했다. 그 고마움에 보답할 수 있게 이 책이 수많은 교실의 많은 선생님에게 도움이 되기를 진심으로 바란다.

2023년 2월 천경호

1부

학급경영의 이론적 바탕

1장
학생을 바라보는 두 가지 관점

교사가 된다면 꼭 해야겠다고 다짐한 것 두 가지가 있다. 헤어지는 날 학생 모두에게 선물하는 손편지 써주기와 학생들과의 개별 면담이다. 알파벳도 모르고 중학교에 입학한 나는 1학년 3월 말에 치른 영어 시험에서 96점을 받은 적이 있었다. 알파벳을 모르는 게 나뿐이라는 걸 알고 혼자 열심히 공부해서 얻은 결과였다. 하지만 담임 선생님은 내가 기울인 노력을 알지 못했다. 알파벳도 모르던 아이가 영어 성적 96점을 받은 것은 남의 것을 훔쳐봤기 때문일 거라고 의심했다. 칭찬과 격려를 기대하고 선생님과 함께 들어간 교무실에서 나는 따귀를 맞고 바닥에 엎드려 재시험을 봐야 했다. 한 번만 물어봤더라면 어땠을까? 그 경험 때문에 나중에 내가 교사가 된다면 꼭 아이들 한 명 한 명과 면담을 해야겠다고 다짐했다.

교실에서 아이들과 이야기를 나누다보면 아이들의 삶 역시 어려움투성이였다. 문제행동의 이면에는 아이의 삶에서 부딪치는 어려움이 반드시 존재했다. 그래서였을까? 부모가 바뀌지 않으면 아이들도 바뀌지 않는다는 이야기를 많이 들었다. 지금 이 순간만 본다면 그 말이 맞을지도 몰랐다.

한 해, 두 해 아이들을 가르치다보니 졸업한 아이들도 가끔 만나게 되었다. 어느덧 성인이 되고, 취업을 하고, 결혼을 하고, 아이를 낳아 부모가 되었다. 섣부른 내 걱정과 달리 대부분 자기 삶을 잘 살아가고 있었다. 좋은 대학에 간 아이도, 대학에 가지 못한 아이도 각자의 삶을 자기답게 살았다. 아마 사람이라면 누구나 갖는 리질리언스resilience(외상후 성장 혹은 회복탄력성)와 자기결정성self determination 때문이 아닐까 생각한다. 중요한 점은 이 두 가지가 교육에서 학생을 보는 관점이 될 수 있다는 것이다.

관점 1: 리질리언스(외상후 성장)

'외상후post traumatic'란 말을 들으면 뒤에 어떤 낱말이 떠오를까? 아마 '스트레스 장애stress disorder'가 아닐까? 많은 이가 '외상후 스트레스 장애'라는 말은 알아도 '외상후 성장post traumatic growth'이란 말은 모른다. 들어본 적이 거의 없기 때문이다. 반면 '회복탄력성'이란 말은 안다. 심각한 삶의 도전에 직면해도 다시 일어설 뿐만 아니라 심지어 이전보다 더욱 성장하는 인간의 능력을 가리키는 말로, '외상후 성장'의 다른 표현이 바로 '리질리언스'라는 용어다. 연구에 따르면, 사람들은 외상후 스트레스 장애에 시달리기보다 외상후 성장을 하는 일이 약 4배 정도 많다고 한다.

사람은 누구나 외상을 피할 수 없다. 가족의 죽음, 부모의 이혼, 천재지변, 질병과 사고, 실직 등 인생에서 접하는 수많은 외상이나 역경을 피할 수 있는 사람은 아무도 없다. 더구나 그 '외상[trauma]'이 아동학대나 가정폭력처럼 일상적인 트라우마라면 고리를 끊어내기 어렵다. 놀랍게도 생존, 안전, 소속과 사랑 그리고 자존감을 바탕으로 인지적 욕구와 심미안의 욕구를 실현해가야 할 가정이라는 공간에서, 오히려 고립과 모욕 혹은 모멸 같은 불일치를 일상적으로 경험하는 트라우마는 최근 들어 더욱 늘어나고, 많은 이의 관심을 끌고 있다.

실제 2019년 보건복지부의 「학대피해아동 보호현황」에 따르면, 아동학대 가해자의 대다수는 주양육자(부모 76.9%, 친인척 4.5%, 대리양육자 15.9%, 합계 97.3%)다. 그나마 외부 개입이 어려운 가정에서 벗어나 학교라는 공공기관에 와서 교육받을 의무를 이행함으로써 일시적이나마 아이들은 일상적 외상에서 벗어날 수 있다. 아동학대 신고 의무를 진 교사의 관찰 아래 놓이기 때문이다. 더구나 부모와 자녀 사이에 자리하기 쉬운 위계적 사회에서 벗어나, 자신과 같은 발달시기를 거치는 또래사회를 처음 경험하는 곳이 바로 학교다. 아이들은 나와 같은 해에 태어난 또래를 만나면서 자신과 타인을 비교하고 자신의 발달을 짐작한다. 신체발달은 어느 정도인지,

인지발달은 어느 수준인지, 정서발달은 어느 정도인지, 관찰과 관계 경험을 통해 자신을 비춰본다. 타인이란 거울이 자신을 인식하는 기회로 작용하는 중요한 경험을 하는 곳이 학교인 것이다.

이와 같은 학교의 역할이 바로 매스텐과 리드(Masten & Reed, 2002)가 말한 아동청소년을 위한 리질리언스 보호 요인 중 사회 요인에 해당한다. 학교라는 공간에서 만나는 교사와 친구가 아이들에게는 리질리언스 사회 요인, 다시 말해서 외상후 성장으로 이끌어줄 사회적 안전망인 셈이다.

부모라는 환경은 균질하지 않다. 가정마다, 계층마다 천차만별이다. 가부장적 가정에서부터 수평적 가정까지, 1인가족, 핵가족, 확대가족, 분거가족, 입양가족, 조손가족, 한부모가족 등 다양하다. 이렇듯 제각각인 가족, 다양한 가정문화에서 자란 또래 아이들이 사회 구성원 다수가 꼭 필요하다고 판단한 교과 내용을 교실이란 열린 공간에서 학생 다수와 함께 교육적인 방법으로 학습하고 생활한다.

리질리언스는 크게 개인 요인, 가족 요인, 사회 요인의 세 가지 하위 요인으로 나뉜다. 유머 감각, 낙관적 기질, 지능 같은 인지 기능과 충동조절, 만족지연 능력 같은 정서 기능을 가리키는 개인 요인은 보통 유전을 통해 물려받는 타고난 특질에 더해, 환경적 요인과의 상호작용을 통해 길러지는 양육 혹은 교육적 효과가 영향을 미친다.

가족 요인은 양육자와 관련 있다. 세상 밖에 나온 모든 아이는 처음에는 언어로 의사소통할 수 없다. 배가 고파도 울고, 졸려도 울고, 아파도 울고,

변의를 느껴도 운다. 보호자가 가까이에서 언어적 상호작용과 신체적 반응을 통해 아이의 행동에 민감하고 적절한 반응을 보여줄 때 아이는 안정애착을 획득한다. 주로 돌봄을 책임지는 양육자와의 관계를 통해 만들어진다. 영아기에 만들어진 애착이 성인기까지 이어지지는 않는다. 아동기-청소년기-성인기로 나아가면서 달라질 수 있다. 애착은 새로운 친밀한 관계 경험을 통해 변화가 가능하기 때문이다.

여기에도 학교가 중요한 이유가 있다. 관계와 관련한 연구 두 가지를 살펴보자. 미국 예일대학교 연구팀에 따르면, 아이가 10세에 도달할 때까지는 엄마의 돌봄이 높은 스트레스로 활성화된 편도체를 조절하는 전전두엽에 영향을 미쳤으나, 이후 연령에서는 편도체의 과도한 활성화가 통제되지 않았다고 한다. 반면 11, 12세 아동을 대상으로 한 연구에서는 친한 친구와 함께 있는 아이들은 코르티솔Cortisol 수치가 낮아지고, 부적 정서의 크기도 줄어들었다고 한다(『우정의 과학』, 리디아 덴워스 지음, 흐름출판). 발달과정상 양육자에서 또래 친구로 관계가 확장되면서 안정애착을 획득할 기회를 얻게 되는 셈이다.

이처럼 교사는 학생 한 명을 바라볼 때 리질리언스 관점에서 (1) 인지 기능과 정서 기능을 포함한 개인 요인, (2) 양육 환경 같은 가족 요인, (3) 좋은 교사와 친구 같은 사회 요인이 어느 정도인지를 가늠하고, 부족한 요인을 채워줄 방법을 학급경영 과정에서 선택적으로 활용할 수 있다.

관점 2: 자기결정성

미국의 저명한 심리학자 리처드 라이언Richard Ryan과 에드워드 데시Edward Deci가 주창한 자기결정성 이론self-determination theory이 있다. 인본주의 상담으로 유명한 미국의 심리학자 칼 로저스Carl Rogers가 말하는 자기실현 경향성의 다른 표현이라고 할 수 있는 이론이다. 사람은 누구나 자기를 실현하려는 경향이 있다는 뜻이다. 이는 A. 매슬로Abraham Maslow의 욕구추구 이론과도 맞닿아 있다.

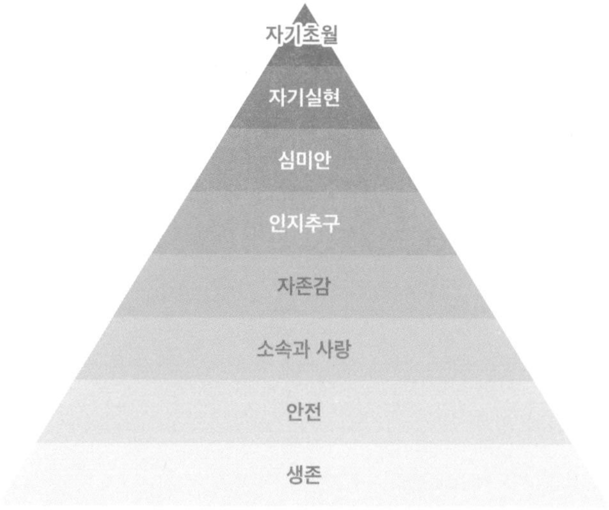

A. 매슬로의 욕구추구 이론

생존, 안전, 소속과 사랑 그리고 자존감이 삶의 결핍과 관련 있다면, 인지추구, 심미안, 자기실현, 자기초월은 인간의 성장과 관련 있다. 특히 자기초월은 타인의 자기실현을 도와주려는 욕구에 의해서만 자기실현이 가능하다고 『죽음의 수용소에서』(청아출판사)를 쓴 정신과 의사이자 심리학자 빅터 프랭클Viktor Frankl이 말했다. 또한 프랭클은 사람은 자기를 실현하려는 경향성이 있다고 여겼다. 이는 우리나라 교육기본법 제2조 교육이념에서 소개하는 홍익인간弘益人間의 정신과도 통한다.

라이언과 데시는 자기결정성을 다시 세 가지 하위 요인으로 구분했다. 사람은 누구나 스스로 하고 싶어 하고(자율성), 잘하고 싶어 하며(유능성), 타인과 사이좋게 지내고 싶어 한다(관계성)는 것이다. 아이들이 스스로 생각하고 계획하고 실천하도록 기르기 위해 교사가 가르치고敎, 부모가 기르는育 것이다. 즉, 이것이 교육이다. 커갈수록 아이는 부모나 교사의 지시와 명령을 따르지 않는다. 자율성을 추구하기 때문이다. 실패나 잘못을 공개적으로 지적당할 때는 모욕감을 느낀다. 잘할 수 있다는 유능성을 부정당하기 때문이다. 친구와 놀지 말고 공부나 하라는 말에 불안을 느낀다. 원만한 또래관계가 심리적 안전망이라는 관계성 유지의 근간이기 때문이다.

이를 염두에 두고 아이가 어떻게 해야 자기결정성을 키워갈 수 있을지 고민하고 대화하고 방법을 제안하려고 노력하는 교사의 태도가 학생을 바라보는 두 번째 관점이라 할 수 있다.

2장
학생을 이해하는 두 가지 관점

수업 시작 5분 전, 아직 한 아이가 학교에 오지 않았다. 집으로 전화했다. 전화를 받지 않는다. 아이에게 전화했다. 아이 역시 전화를 받지 않는다. 수업 시작 1분 전, 드디어 통화가 되었다. 지금 학교에 가고 있다는 아이의 목소리, 잠시 후 교실 뒷문을 열고 들어오는 아이. 아이에게 오늘까지 내야 하는 신청서를 갖고 왔느냐고 물어보았다. 여지가 없었다. 가져오지 않았다.

교실 청소가 있는 날, 급식 시간에 반찬 문제로 아이들끼리 갈등이 있었다. 그 때문에 하교 시간이 늦어졌다. 청소하지 않고 그냥 가려다가 아이가 친구들과 나누는 이야기를 들어보자.

— 야, 너 청소하고 가.

— 나 학원 가기 전에 집에 빨리 가서 쉬어야 해.

— 집에 가서 뭐 하는데?

— 게임해야지. 안 그러면 할 시간이 없단 말이야.

— 너 새벽에도 게임하잖아.

— 니가 뭔 상관이야?

— 새벽부터 게임하다가 학교에 오니까 맨날 지각하거나 졸잖아.

아이는 밤 9시에 잠자리에 들어서 새벽에 일어났다고 했다. 아무도 잔소리하지 않는 고요한 시간, 혼자 마음껏 스마트폰을 볼 수 있기 때문이다. 이 아이 때문에 스마트폰 스크린 타임을 살펴봐야겠다고 생각하게 되었다. 반 아이들에게 각자 스마트폰에 있는 스크린 타임을 캡처해달라고 부탁했다. 옆에 나온 3명의 아이는 다른 아이들에 비해 과도하게 스마트폰을 사용하는 아이들이다.

이 중 새벽에 일어나 스마트폰을 보는 아이는 누굴까? 그렇다. 학생 3이다. 수면 시간은 4, 5시간, 게임 시간은 10시간에 가깝다. 주로 사용하는 영역은 유튜브와 게임. 수면 시간이 부족하니 수업 시간에 졸음이 오고, 유튜브와 게임에 빠져 있기에 현재에 머물지 못한다. 머릿속에 다른 세상이 움직이고 있기 때문이다. 이 아이는 왜 유튜브와 게임에 깊이 빠졌을까? 날마다 아이를 지적하고 비난하는 이들 때문이었다. 식사 시간이 되면 쉴 새 없

학생 1

학생 2

학생 3

이 이어지는 지적에 아이는 밥을 빨리 먹고 자리를 뜨는 게 자신을 지키는 최선이었다. 스마트폰 속 유튜브 영상은 자신이 보고 싶은 걸 마음껏 보게 해주었고, 게임은 자신의 통제를 잘 따라주는 믿을 만한 도구였을 테니까.

반면 스마트폰 사용 시간이 늘어난 만큼 생긴 문제도 많았다. 암기하는 시간이 오래 걸렸고, 자신의 생각을 길고 자세하게 쓰지 못했으며, 긴 글을 읽고 요약 정리하는 것을 힘들어했다. 짧고 강한 자극에 반응하는 것은 익숙해도, 길고 느슨한 자극에 주의를 지속하는 것은 힘들었기 때문이다. 반면 지필평가는 평균 이상의 성취를 보였다. 방과후 보습학원을 꾸준히 다녔기 때문이다. 아이의 결정지능은 올라가도 유동지능은 문제가 생기고 있었다. 이로 인해 수업 시간의 다양한 인지 활동을 힘들어했던 것이다. 교과 부진이 아닌 이 아이는 아무 문제가 없는 것일까? 지필평가 결과가 평균 이상이라면 괜찮은 걸까? 아이의 가족관계, 수면 습관, 여가 활동이 아이에게 미치는 영향을 어떻게 생각해야 할까?

관점 1: 지능이원론과 발달의 결정적 시기

영국의 심리학자 레이먼드 캐텔Raymond Cattell의 지능이원론은 학생 이해와 학교의 존재 이유에 많은 시사점을 준다. 먼저 옆에 나온 두 종류의 지능 발달을 나타내는 그래프를 살펴보자.

이 그래프에서 주황색 선은 결정지능을, 검정색 선은 유동지능을 가리킨다. 지식이나 경험의 누적이 나이가 많을수록 쌓여가는 결정지능과 달리, 새로운 기술을 습득하거나 기억하고 이해하는 능력과 상관있는 유동지능은 아동청소년기에 발달의 정점을 향해 나아간다. 뇌신경과학의 여러 자료를 살펴보면, 사람은 평균 만 25~30세를 정점으로 서서히 유동지능이 하락한다. 그렇다면 유동지능은 무엇의 영향을 주로 받을까?

미국 하버드대학교 의과대학 교수 에드워드 할로웰Edward Hallowell 등 여러 학자의 연구에 따르면, 유동지능과 관련된 요인은 식사, 수면, 운동, 학습 그리고 관계로 정리할 수 있다. 그 전에 먼저 살펴봐야 할 것이 있다. 바로 우리의 뇌다. 무언가를 기억하고 이해하고 적용하고 분석하고 종합하고 평가하는 기능은 뇌의 해마와 피질에 주로 부여된다. 특히 해마는 새로운 정보를 학습하고 기억하는 일과 상관있다. 이는 1953년 뇌전증 치료를 위해 해마를 절제했던 헨리 몰레이슨Henry Molaison이 수술 이후에 새로 만난 사람이

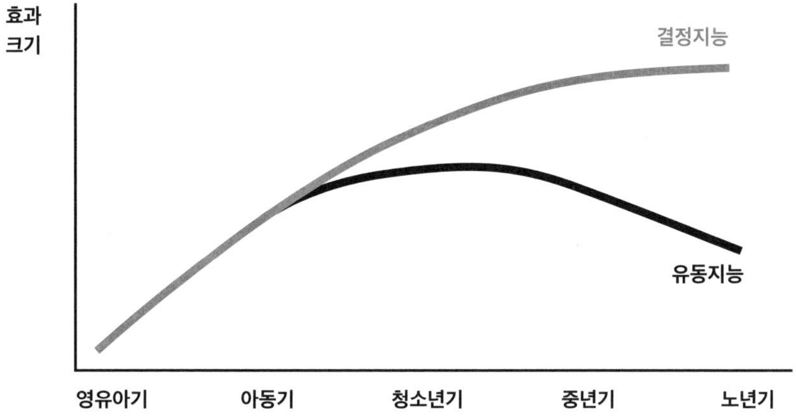

나 경험을 기억할 수 없게 되면서 알려졌다.

해마는 작업기억과 상관있다. 정보를 일시적으로 간직하고 절차에 따라 기억한 정보를 작업하는 기능이라 할 수 있는데, 교사의 지시를 기억하고 절차대로 수행하는 것도 작업기억이다. 작업기억 용량이 적을수록 학생은 교사에게 되묻는 횟수가 늘어나거나, 주어진 과제를 온전히 이해하지 못한 채 수행하다 실패를 경험하기 쉽다. 바구니가 클수록 담을 수 있는 정보의 양이 많고, 적을수록 기억할 수 있는 정보의 양이 적다는 뜻이다. 따라서 아이들이 어릴수록, 인지 기능이 낮을수록, 작업기억 용량이 적으므로 지시문을 짧게 전달하는 것이 좋다.

예를 들어보자. '(1) 두 발바닥을 바닥에 붙이고 (2) 엉덩이는 의자 뒤로 바짝 붙인 후 (3) 허리는 곧게 펴고 (4) 어깨에 힘은 빼고 (5) 턱은 살짝 당긴

채로 (6) 눈은 선생님을 보세요'라는 지시문은 한 번에 여러 가지 요구를 하고 있다. 저학년 혹은 저학력 아이들은 위의 지시문을 한 번에 따르기 어려워할 때가 많다. 한 번에 긴 문장을 기억하고 이를 절차에 따라 수행하기에는 지나치게 많은 과제가 부여되었기 때문이다. 네보와 브레즈니츠(Nevo & Breznitz, 2013)는 우리가 작업기억 안에서 대부분의 생각을 한다고 했고, 쉐인과 피즈(Chein & Fiez, 2010)는 문제를 해결하기 위해 고민할 때 필요한 정보를 유지하는 것이 작업기억이라고 했다. 배들레이(Baddeley, 2012), 프라임과 졸리코르(Prime & Jolicoeur, 2010)는 책을 읽거나 암산하거나 퍼즐을 맞추거나 지시를 따를 때 작업기억을 사용한다고 했다. 학습 능력의 바탕이 바로 작업기억력인 셈이다.

작업기억과 깊은 상관이 있는 해마와 피질은 산소와 스트레스의 주요 호르몬인 코르티솔의 영향을 받는다. 그래서일까? 주의가 산만하고 충동조절이 잘되지 않는 ADHD 아동의 50퍼센트 정도는 수면에 문제가 있다. 그 이유로는 깊은 호흡이 어렵기 때문이라는 연구 결과가 있다. 또한 잦은 실패 경험과 지적, 특히 친구 다수가 보는 앞에서 잘못을 지적당하는 일을 자주 겪는 아이는 높은 정도의 스트레스를 경험하기 쉽다. 만약 가정에서도 엄하게 훈육받는다면 아이는 24시간 내내 높은 수준의 스트레스에 장시간 노출된다. 이는 결국 해마에 충격을 줘서 작업기억력을 낮추고, 편도체를 과잉활성화시켜 맞서 싸우거나(fight), 도망가거나(flight), 아무 대꾸도 하지 못하고 얼어붙는(freeze) 세 가지 반응만을 가져오게 만든다. 발달의 결정적 시기를 거치는 아이들 각자의 뇌가 건강하게 자라도록 도우려면 아이의 실수보다 노력에, 성취보다 관계에 주의를 기울여야 하는 이유가 여기에 있다.

관점 2: 식사, 수면, 운동, 학습, 관계

ADHD인 한 아이가 있었다. 3월 첫날, 수업 시간이 되자 다른 아이들은 교과서를 꺼내며 수업 준비를 하고 있었다. ADHD 아이는 만들기에 몰입하고 있었다. 학급 친구 누구도 아이에게 그것을 지적하지 않았다. ADHD 아이는 만들기를 하다가 갑자기 동작 틱 증세를 보였다. 궁금했다. 틱이 사라지지 않은 이유가.

수업이 끝날 무렵 아이의 만들기 작업도 끝났다. 쉬는 시간이 되자 아이는 자신이 만든 종이칼을 내게 휘둘렀고, 나는 아이가 만든 종이칼에 손으로 맞서서 부딪치며 말했다. "튼튼한데?" 아이의 표정에 웃음이 스쳐 지나갔다. 이제 내가 질문할 차례다. 아이의 전전두피질을 활성화시켜야 하니까. "근데 수업 시간에 칼 만드는 걸 친구들은 어떻게 생각할까?" 아이는 대답 없이 자리로 돌아갔다.

이 아이는 교권보호위원회를 세 번이나 열리게 한 아이였다. 교보위가 열린 이유는 교사의 신체에 위해를 가했기 때문이다. 반 아이 모두 ADHD 아이를 두려워했다. 교사를 때리는 학생이라니. 따라서 아이는 학교에서 외로웠다. 자신을 두려워해서 누구도 다가오지 않아 친구들로부터 버림받은 것이나 마찬가지였을 테니까.

한동안 아이를 자세히 관찰해보았다. 아이는 입으로 숨을 쉬었다. ADHD 아동 절반 정도가 호흡에 문제가 있고, 이로 인해 수면의 질이 나쁘다는 연구가 생각났다. 아이는 중등도 비만이었다. 아이가 먹는 ADHD 약의 부작용 같았다. 보호자에 따르면 아침에 먹는 약은 식욕을 떨어뜨리고, 저녁에 먹는 약은 식욕을 높인다고 했다. 몸이 무거우니 신체 활동을 점점 힘들어할 테고, 생각대로 몸이 움직이지 않으니 자주 짜증이 날 거라고 생각했다. 급식을 골고루 먹는 것도 힘들어했다. 안 먹거나 토할 때도 있었다. 건강하지 못한 식사, 수면, 운동 습관을 가지고 있기 때문이었다.

아이의 이전 학교 이야기를 들었다. 1, 2학년 시절, 아이는 ADHD였기에 산만했고, 자주 교실을 돌아다녔다. 반 아이 대부분이 아이를 이해하지 못했을 것이다. 저학년이니 개별 활동이 많았을 것이고, 자기중심성이 높은 아이들이니만큼 그저 같이하고 싶지 않은 아이로만 여겼다. 문제는 3학년 때 생겼다. 1, 2학년과 다르게 모둠 활동이 이뤄지다보니, 자연스레 ADHD 아이는 어디에도 끼지 못한 것 같았다.

의도했건, 의도하지 않았건 아이는 따돌림당했고, 따돌림을 참지 못한 아이는 학교폭력을 저질렀다. 학교폭력대책자치위원회(학폭위)는 학폭 사건만 다루었고, 결국 권고전학을 오게 되었다. 바로 이 시기에 대부분의 아이에게 보이지 않게 나타났다가 사라지는 틱 증상이 오히려 더 강화된 듯

했다. 아이는 이전 학교에서도, 새로 옮긴 학교에서도 건강한 관계를 맺지 못하고 있었던 것이다. 이는 학습으로도 이어졌다. 40분 내내 한 글자도 쓰지 못했고, 제 생각을 말하지 않았으며, 수업 시간마다 친구와 다른 교사를 위협하는 상황이 벌어졌다. 스스로를 조절하고 타인을 이해하며 학습에 집중하기가 불가능한 상황이었다. 아이에게는 건강한 수면과 식사, 그리고 운동과 원만한 관계가 필요했다. 학습은 이후의 문제였다.

나는 교사로서 아이가 가진 어려움을 어떻게 도와주어야 할까?

캐텔이 말한 유동지능은 작업기억(어떤 문제를 해결하기 위해 주어진 정보를 기억해두고, 문제를 풀기 위해 노력하는 기능)과 주의조절(문제 해결과 관련된 영역에 주의를 기울이고, 주의를 지속하며 필요할 때 주의를 전환하는 기능), 억제조절능력(불필요한 주의 이동을 억제하는 기능)과 관련 있다.

식사

이 유동지능에 영향을 미치는 요인 중 먼저 식습관을 살펴보자. 식습관 중 학습과 관련된 것은 우선 혈당지수glycemic index다. 혈당지수는 음식을 섭취한 뒤 혈당이 상승하는 속도를 0~100으로 나타낸 수치로, 혈당지수가 높은 음식은 혈당을 빠르게 높이고 인슐린을 과잉분비하게 하는데, 인슐린 과잉분비는 혈당을 다시 떨어뜨려서 체지방을 축적하게 한다. 이는 비만과 당뇨, 그리고 심혈관계 질환의 원인으로 작용한다.

이를 아이의 삶으로 가져와보자. 우리의 뇌는 섭취한 에너지의 20퍼센트를 항시 사용하고 있다. 특히나 어린아이의 뇌는 무언가를 배울 때 큰 변화가 일어나는데, 이때 많은 에너지가 필요해서 최대 50퍼센트의 에너지를 사용한다(『우리의 뇌는 어떻게 배우는가』, 스타니슬라스 드앤 지음, 로크미디어). 책을 읽거나 공부를 하거나 토론할 때는 추가 에너지가 필요하다. 이때 우리는 머리가 아프다거나 골치가 아프다고 말한다. 정신 에너지를 쓰기 때문이다. 그런데 아침식사를 하지 않는다면, 학습에 필요한 에너지가 부족해진다. 교사의 이야기나 교과서 내용이 눈에 들어오지 않는다면, 주의가 산만해질 가능성이 크다. 더구나 평상시 혈당지수가 높은 음식을 주로 섭취했다면 빠르게 혈당을 채우려 할 가능성이 크다. 이때 교사는 사탕이나 젤리 같은 보상으로 일시적으로는 심리적 안정을 제공하지만, 장기적으로는 오히려 부정적 영향을 끼칠 가능성이 크다. 혈당지수가 낮은 땅콩이나 아몬드 같은 견과류로 보상을 대신하는 게 장기적으로는 더 효과적이라는 뜻이다.

다음으로 영양소다. 티아민(비타민 B1)이 문해력에 영향을 준다는 연구가 있다. 음식을 통해 티아민을 섭취하지 못할 경우, 글을 읽고 이해하는 데 어려움을 겪는다. 여기서 잠깐 문해력 이야기를 해보자. 문해력은 크게 3단계로 나누어 이해해야 한다.

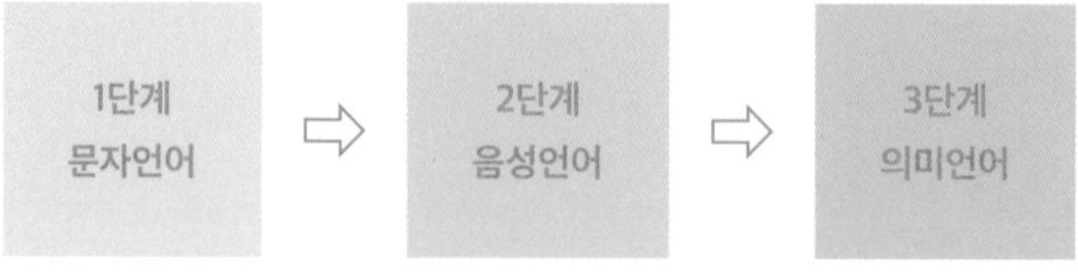

아이가 한글을 습득했다는 것은 문자언어를 음성언어로 변환할 수 있음을 의미한다. 한글을 습득했다 해도 문자에 담긴 의미를 충분히 이해할 수 있는 것은 아니다. 문자언어를 음성언어로 변환하는 데 걸린 시간만큼 음성언어를 다시 의미언어로 변환하는 노력을 기울여야 한다고 학자들은 말한다. 어릴 때 그림책을 읽어주는 이유, 학년이 올라갈수록 글의 양이 점진적으로 늘어나는 이유, 수많은 부모와 교사가 아이들에게 책을 읽어주는 이유가 여기에 있다.

여기서 잠깐, 더 살펴볼 문제가 있다. 바로 읽기 과정의 멀티태스킹이다. 이제 막 한글을 습득한 아이들 입장에서 (1) 문자언어를 음성언어로, (2) 음성언어를 의미언어로 변환하는 것은 멀티태스킹이다. 카프, 피츠제럴드, 테일러와 바이스만(Carp, Fitzgerald, Taylor, & Weissman, 2012)에 따르면, 멀티태스킹은 주의를 자주 전환하게 만들기 때문에 오히려 주의집중에 방해가 된다. 어른 입장에서는 1단계인 문자언어를 2단계인 음성언어로 변환하는 과정이 자동화되어 있기에, 문자언어를 의미언어로 이해하는 과정만 주의를 기울이면 된다.

반면 아이들은 문자를 음성으로 변환한 후 멈추고, 음성을 의미로 이해하는 과정을 거쳐야 한다. '우리 집 식탁이 사라졌어요!'라는 문장을 읽을 때 '우리'를 음성으로 변환한 후 '우리'와 관련된 이미지나 경험을 떠올려본다. 다시 '집'을 음성으로 바꾸고 '집'과 관련된 그림이나 사건을 떠올린다. '식탁이'를 음성으로 바꾸고 '식탁'과 관련된 이미지나 사건을 떠올린다. 마지막으로 '사라졌어요'를 음성으로 바꾼 후 '사라졌어요'를 이미지로 그려본다. 이 얼마나 복잡한 과정인가. 더구나 글쓰기는 이를 거꾸로 변환하는 과정이다. 자신의 생각이나 감정을 문자언어로 변환해야 하기에 글쓰기가 얼마나 고도의 능력을 필요로 하는지, 읽기 능력과 쓰기 능력이 얼마나 밀접한 관련이 있는지를 추정할 수 있다. 이 과정에 티아민이 영향을 준다고 하니, 고른 영양소 섭취가 중요한 이유를 이해할 수 있다.

수면

다음으로 잠, 즉 수면을 살펴보자. 신경과학자이자 수면전문가 매슈 워커Matthew Walker는 수면의 양과 질을 평가하는 질문을 한다.

1) 아침에 일어난 뒤, 오전 10시나 11시에 다시 잠들 수 있는가?
2) 정오가 되기 전에 카페인이 없으면 심신을 최적의 상태로 움직일 수 없는가?

둘 다 '그렇다'라는 답을 내리면 만성적인 수면부족 상태일 가능성이 크다. 우리 뇌는 기상과 동시에 아데노신adenosine이란 물질이 누적되어서 수면압력(졸음)을 가하는데, 카페인이 아데노신과 결합하는 수용체를 차단해 각성을 유지하게 돕는다. 카페인은 섭취 후 30분이 최고조에 달하고 반감기(물질의 양이 반으로 줄어드는 시간)가 5~7시간 정도로, 알코올과 마찬가지로 호흡에 영향을 미쳐서 수면의 질을 떨어뜨린다.

수면이 부족하면 편도체의 감정 반응이 60퍼센트 이상 증폭되고, 또 다른 감정중추인 선조체striatum 역시 과다활성화되기에 감정 기복이 심해진다. 또한 연령에 상관없이 아이의 공격성이 높아지고, 인지 기능은 낮아진다. 하지만 정작 자신은 아무런 문제가 없다고 판단한다. 수면부족이 미치는 영향을 자각하지 못할 가능성이 크다는 뜻이다.

조금 더 자세히 설명해보자. 잠은 렘REM수면(꿈을 꾸는 얕은 수면)과 비렘non-REM수면으로 나뉜다. 어릴 때는 이 비율이 5대 5에 가까웠다면, 커갈수록 비렘수면 비율이 더 높아진다. 학자들에 따르면, 비렘수면은 장기 기억과, 렘수면은 정서와 관련 있다. 과거의 기억을 떠올리면, 우리는 기억에 수반하는 정서를 경험한다. 이 기억과 연결된 정서를 분리시키는 일을 렘수면이 한다. 반면 충분한 양의 수면을 하지 못하면 해마에 저장된 기억이 피질로 넘어가지 못한다. 따라서 충분한 수면이 학습의 효과를 높이고, 질 좋은 수면은 심리적 안정을 만드는 토대가 된다.

바로 이 수면에 악영향을 미치는 것이 바로 카페인이다. 고카페인 음료나 초콜릿 혹은 콜라나 녹차의 섭취를 제한할 필요가 그래서 생긴다. 특히 카페인의 민감도는 알코올처럼 카페인을 분해하는 효소가 사람에 따라 차이가 있어서, 카페인의 효과가 오래가는 사람도 있고 영향을 미치지 못하는 사람도 있다. 중요한 것은 청소년기에 카페인을 복용하는 것은 전두엽 성숙을 방해한다는 점이다. 청소년기에는 생후 3년 이내에 이루어지는 뉴런 간 연결을 나타내는 시냅스의 2차 가지치기가 시작된다. 가지치기는 주로 렘수면에서 이뤄지는데, 카페인 섭취는 렘수면을 방해하기 때문에 권장량(Kg당 2.5mg, 식약청 기준으로 성인 1일 최대 400mg, 청소년 1일 최대 125mg) 이하로 섭취하는 것이 건강한 뇌 발달을 위해 좋다.

운동

다음으로 운동이다. 규칙적인 근력 운동은 BDNF[brain-derived neurotrophic factor](뇌기반 신경영양인자)의 생성을 늘려 학습 능력과 인지 기능을 높인다. 해마의 성장을 촉진시켜 창의력을 높이고, 유산소 운동을 동반할 경우는 해마 크기가 커져서 기억력이 향상된다고 한다. 특히나 세계보건기구[WHO]에 따르면 5~17세 사이의 아동청소년에게 가장 필요한 운동은 근력 운동이다. 아동청소년기에는 성인처럼 근육세포의 크기가 커지는 것이 아니라 근육세포의 수가 늘어난다는 측면에서 볼 때, 꾸준한 근력 운동과 유산소 운동의 병행을 습관화하는 것이 아이의 학습에 최적화된 조건을 만드는 토대이자 동시에 건강한 삶의 바탕이 된다는 것을 이해할 수 있다.

학습

네 번째로 학습이다. 우리는 나이의 많고 적음과 상관없이 자기만을 위하는 사람을 이기적이라고 말하며, 자기만 아는 사람 혹은 자기중심적인 사람이라고 부른다. 어릴수록 자기 욕구 중심적이라면, 아이가 커갈수록 자아가 확장되어 초월성의 위계에 따라 가족–마을–국가–세계–우주 혹은 생명까지 염두에 두고 생각하고 제 행동을 비춰볼 수 있게 된다. 학교에서 배우는 국어, 수학, 사회, 과학, 영어, 음악, 미술, 체육, 실과, 도덕 같은 과목을 학습함으로써 학문이 제공하는 다양한 관점을 통해 건강하고 균형 잡힌 사람이 되고, 사회를 바라보는 프레임을 획득할 수 있다. 이는 앞서 이야기한 유동지능의 발달에 따라 교과목이 늘어나고, 수업 시수와 시간이 증대되는 과정과 맥을 같이하는 것을 짐작할 수 있다. 학습은 결국 자아의 확장을 통한 자기초월 욕구의 실현을 위해 꼭 필요한 조건인 셈이다.

매슬로는 인간의 욕구를 생존(숨쉬기, 식사, 수면, 배변) – 안전(직업, 가족, 건강, 재산) – 소속과 사랑(우정, 가족) – 자존감(유능성, 성취, 타인 존중) – 인지추구(지식이나 의미 추구, 도덕성) – 심미안(아름다움, 균형, 패턴 추구) – 자아실현(누구나 할 수 있지만 개인에 따라서는 역경 때문에 물러설 수 있으므로 모두가 할 수 있지는 않음) – 자기초월(초월성은 정신성과 우주 그리고 타인과의 관계 인식을 가리킴. 타인의 자아실현을 도와주려는 행위와 관련 있음)로 나누었다. 또한 프랭클에 따르면, 자아실현은 타인의 자아실현을 도와주려는 자기초월을 통해서만 가능하다. 학습을 통한 나와 타인/우주와의 상관을 인식하고, 타인의 자아실현을 도우려는 행위를 실천해야 진정한 자아실현이 가능하다고 할 수 있다. 실제로 아무 대가 없이 남을 도와줄 때 면역 항체는 3배 이상 증가하고, 자신이 배운 것을 남에게 가르쳐줄 때 학습 효과가 가장 좋고 심리적 안정감이 높아진다는 연구가 있다. 우리 아이들의 해마와 피질이 최대로 발달하려면 학습을 통한 초월성의 확장이 필요하다는 것이다.

관계

마지막으로 관계다. 반두라와 짐바르도(Bandura, & Zimbardo, 2000)에 따르면, 초기 친사회성은 학업성취와 긍정적 또래관계 형성에 강한 긍정적인 영향을 미친다. 정서 안정은 편도체의 안정과 더불어 해마와 피질의 발달과도 상관있다. 특히 외로움이나 따돌림 혹은 고립 같은 정서는 신체에 고통을 수반함은 물론, 높은 수준의 코르티솔을 분비시켜서 인지 역량을 최대로 발휘하는 데 걸림돌이 될 가능성이 크다. 그러기에 학교 생활이 시작되는 초등학교 1학년 생활이 중요하다. 이때 친사회성을 길러서 긍정적 또래관계를 형성해야 하기 때문이다. 그러나 지금의 학교는 친사회성보다 초기 공격성을 키우도록 만들어져 있다. 그 이유를 잠깐 살펴보자.

모든 초등학교는 1학년 1학기에 아이들에게 외부강사 교육을 시행한다. 바로 학교폭력 전담경찰관에 의한 '학교폭력예방 교육'이다. 학교폭력의 정의, 학교폭력의 유형, 학교폭력의 처벌에 관해 배운다. 어른들은 만 6, 7세의 어린아이들에게 묻는다. 친구에게 맞은 적이 있는가? 맞았다면 어디에서 맞았는가? 언제 맞았는가? 이런 질문을 한다. 질문에 답하려면 아이는 스스로를 피해자로, 자신을 제외한 모든 친구를 가해자로 가정해야 한다. 바로 만 6, 7세 어린아이가 고의적이고 지속적으로 친구를 심각하게 때리고 괴롭힐 것이라는 가정이다.

친구의 말과 행동을 학교폭력의 가해행위인지로만 판단하게 만드는 질문, 아이의 말과 행동을 학교폭력의 관점으로 해석하게 하는 질문, 그리고 이런 유형의 질문은 학교와 가정에서 반복된다. 더구나 초등학교 4학년이 되면 학기별로 실시한다. 학교폭력 실태조사가 실시된 지 만 15년이 되었다. 그러나 가해 연령은 점차 낮아지고, 학교폭력의 양상은 더욱 음성화되고 있다. 마치 지능검사의 플린 효과flynn effect(시간이 지날수록 세대의 지능검사 평균 성적이 계속 높아지는 현상)처럼 학교폭력의 학습 효과가 커져서인지, 해가 갈수록 나이 어린 가해자는 늘어나고 눈에 보이는 학교폭력은 발견하기 힘들어지고 있다.

아이들에게 우정이 무엇인지 물어본다. 아이 대부분은 학교폭력이란 말에는 익숙해도, 우정이란 말은 낯설어한다. 거꾸로 말해서 학교에서 우정을 가르칠 필요성이 더욱 커진다고 할 수 있다. 아이들의 건강한 발달을 위해 '우리는 우리가 주의를 기울이는 것을 더 많이 얻는다We get more of what we focus on'라는 말처럼, 지금 우리의 교육은 학교폭력보다는 우정에 더욱 주의를 기울여서 아이들의 친사회성을 길러주어야 한다.

2부

철학과 이론 위의 학급경영 실천

1장
학급경영의 원칙과 다짐: 첫 번째

약 6개월, 190일 동안 아이들이 함께 지내야 하는 생면부지의 타인과 처음 만나는 때가 바로 3월이다. 잘 모르는 타인을 경계하는 것은 사람의 본능이다. 더구나 자신보다 신체가 크거나 나이 많은 사람이라면 더더욱 그렇다. 아이들은 교사를 모른다. 모르기에 불안이 높고, 불안이 높으니 코르티솔 수치도 높을 것이다.

아이들에게 담임 교사가 스스로를 소개하는 이유는 바로 교사라는 낯선 타인이 학생 모두의 건강한 성장과 발달을 돕기 위해 존재한다는 사실을 밝히고, 학생의 행복을 위해 함께 노력하는 사람이라는 점을 인식시키기 위해서다. 그래야 아이들이 느끼는 불안이 줄어들기 때문이다. 많은 교사가 3월에 여러 가지 놀이를 기반으로 친교 활동을 실시하며 라포 rapport 를 형성하려는 이유도 여기에 있다.

담임 소개는 학생뿐 아니라 학부모에게도 필요하다. 오래전 나는 작은 아이를 위해 육아휴직을 한 적이 있다. 아이의 손을 잡고 등교하고, 교문 앞에서 기다려 아이를 하교시키면서 아이와 여러 이야기를 나누었다. 특히 친구 이야기를 많이 들었다. 반면 담임 선생님 이야기는 잘 들어보지 못했다. 선생님께 어떤 이야기를 듣고 무엇을 배웠다, 수업 시간에 친구들이 어떤 행동을 하자 선생님이 야단을 치셨다, 선생님이 이런 재미있는 이야기를 해주셨다 등의 말로 담임 선생님의 교육관을 미루어 짐작할 뿐, 한 인간으로서 내 아이를 맡겨도 될 만한 사람인지를 알기는 어려웠다. 그래선지 아이 말만 듣고 혼자 오해하고 혼자 오해를 푸는 일도 꽤 있었다.

학생이 교사를 바라보는 관점은 대부분 학부모가 교사를 바라보는 관점을 그대로 가져오는 경우가 대부분이다. 따라서 학부모에게 교사가 지향하는 교육이 무엇인지, 이를 실현하기 위해 어떤 노력을 할 것인지 교사가 구체적으로 안내하는 것이 중요하다.

학급 규칙 간소화하기

수많은 교실에서 교사들은 학급자치를 강조하며 학급회의를 통해 아이들이 만든 학급 규칙을 교실에 게시하고, 아이들이 스스로 만든 규칙을 준

수하도록 가르친다. 나 역시 해마다 3월이 되면 아이들과 규칙을 만들었다. 그렇지만 그렇게 만들어진 규칙은 규칙을 지키기 어려워하는 아이들에 의해 하나둘 유명무실해져갔다. 아래의 '공동생활 약속'을 한번 읽어보자.

- 친구 몸에 손대지 않기
- 언제 어디서든 남의 물건에 허락 없이 손대지 않기
- 친구가 힘들 때 도와주기
- 일인일역이나 중요한 일을 할 때 방해하지 않기
- 비속어나 욕설하지 않기, 위협하지 않기
- 친구를 무시하거나 왕따시키지 않기
- 심한 장난은 치지 않기
- 쓰레기를 쓰레기통에 버리기
- 친구와 싸우지 않기
- 화장실 변기 물 내리기
- 수업 중 복도에서 떠들지 않기

무려 열한 가지 약속이다. 모든 아이가 열한 가지 약속을 전부 기억하고, 매 순간 말과 행동을 할 때마다 약속에 맞추어 행동할 수 있을까? 더구나 열한 가지 약속을 굳이 기억하지 않아도 잘 실천하는 아이와 날마다 약속을 어기는 아이가 있다면, 과연 누가 더 실패를 반복하게 될까? 아이들 스스로 만든 규칙을 아이 자신의 의도와 상관없이 자꾸 어기게 된다면, 아이는 자신을 어떤 존재로 여기게 될까? 그래서 고려해야 하는 측면이 있다.

미국 노스캐롤라이나대학교 심리학과 바바라 프레드릭슨Barbara Fredrickson 교수에 따르면, 정적 정서는 시야를 넓게 해주고, 문제 해결 지향의 사고방식으로 전환시키며, 경험에 대한 개방성을 갖게 하고, 면역력을 떨어뜨리는 코르티솔 대신 옥시토신 같은 호르몬이나 세로토닌 같은 신경전달물질을 분비시킨다고 한다.

무슨 뜻일까? 2014년 《사회인지·정서신경과학Social Cognitive and Affective Neuroscience》 전문지에 발표된 미국 피츠버그의과대학·UC버클리·하버드대학교의 공동연구에 따르면, 14세 아이에게 보호자의 잔소리를 녹음한 소리를 30초간 들려준 후 뇌의 활성도를 측정하니 부적 정서를 처리하는 영역의 활성도가 증가했고, 정서조절에 관여하는 영역과 상대방의 관점을 이해하는 데 관여하는 영역의 활성도는 낮아졌다고 했다. 지적이나 비난이 오히려 아이의 정서조절 능력을 낮추고, 서로를 이해하지 못하게 방해할 가능성이 크다는 뜻이다.

아이들은 미성숙하기에 실수가 잦다. 충동을 조절하는 능력도 천차만별이다. 당연히 지적이나 비난을 받기 쉽다. 그래서 학급경영의 방향을 잡을 때, 먼저 생각해야 할 것이 있다. 바로 학급 규칙이다. 인지심리학 이론 중에 인지부하cognitive load 이론이 있다. 이는 앞서 말한 인간의 작업기억에는 한계가 있어서 처리해야 할 정보가 너무 많으면 과부하가 일어나 효과적인 학습에 방해가 된다는 관점을 취한다. 학급 규칙과 인지과부화에 어떤 상관이 있다는 말일까?

3월 초 무수한 학급에서 학급회의를 통해 학급 규칙을 정한다. 수업 시간에 떠들지 않기, 복도에서 뛰지 않기, 욕하지 않기, 때리지 않기, 뒷담화 하지 않기, 따돌리지 않기 등등. 하지 말아야 할 것이 참 많다. 많으면 열 가지 넘는 규칙이 만들어진다. 자, 생각해보자. 아이들은 평균적으로 한 번에 4±2의 항목을 단기 기억하며, 기억한 정보를 재조작할 수 있다. 이 작업기억과 관련된 뇌 부위는 바로 해마인데, 앞서 말했듯이 해마는 코르티솔과 산소에 민감하게 반응한다.

가정불화가 잦거나, 가정폭력이나 학대에 시달리거나, 친구와의 관계가 나쁘거나, 학업에서 실패의 경험이 오래 쌓여 있거나, 아토피 같은 알러지나 여타의 질환에 시달리는 등 높은 스트레스에 노출된 아이들은 대부분 높은 수준의 코르티솔이 장시간 분비되어 해마에 충격을 받게 된다. 위축된 해마로는 본래 기능할 수 있을 만큼의 작업기억이 제대로 작동하지 못하게 된다. 안정적인 환경의 아이들이 여섯 개 항목을 기억할 수 있다면, 불안정한 환경의 아이들은 최소 두 개의 항목만 기억할 수 있다.

더구나 해마에 기억된 정보가 피질 속 장기 기억으로 넘어가려면, 충분하고 질 좋은 수면이 꼭 필요하다. 하지만 불안정한 환경에서 살아가는 아이들은 양과 질이 좋은 수면을 할 가능성이 작다. 결국 민주적인 학급문화를 위해 아이들이 직접 만든 학급 규칙을 아이들 스스로 무너뜨릴 가능성이 커지게 된다. 충동을 제어하는 데 가장 중요한 해마와 피질이 잘 자라지 못하는 환경에 노출된 아이들이 자신이 지키지 못할 약속을 해야 하는 환경이 만들어지고, 한 번 두 번 규칙을 어기는 실패의 경험이 쌓여가면 아이들은 스스로를 무능한 존재로 여기기 시작한다.

모든 사람은 자신이 좋은 사람으로 인식되기를 바란다. 남이 모른다고 생각하기에 거짓말을 한다. 실수나 잘못을 감춘다. 실수나 잘못 따위를 저지르지 않는 완벽한 사람, 그런 사람은 없다. 교사도 부모도, 아니 모든 어른이 실수나 잘못을 반복한다. 건강한 사람이라면 자신의 잘못을 인정하고 더 나은 사람이 되기 위해 노력을 지속한다. 아이들에게 가르쳐야 할 것은 어제의 나보다 오늘의 나, 오늘의 나보다 내일 더 나은 사람이 되기 위해 노력하는 태도여야 할 것이다.

미국의 심리학자 캐롤 드웩Carol Dweck의 성장형 사고방식growth mindset과 앤절라 더크워스Angela Duckworth가 말하는 그릿grit(열정적 끈기)은 공통적으로 노력의 지속성을 중요하게 여긴다. 인간의 지능은 고정된 것이 아니며, 노력에 따라 자신이 가진 잠재력을 충분히 꺼낼 수 있다. 여기서 잠재력이란 꼭 학업 성취에 한정된 것이 아니다. 우리 삶을 구성하는 수많은 분야에서 한 인간으로서 자신이 추구하는 가치에 부합한다면 그 어떤 영역에서도 충분한 적응유연성을 발휘해 자기답게 살아갈 수 있다.

따라서 학급 규칙을 간소화할 필요가 있다. 환경의 영향에 민감하게 반응하는 아이 간 격차를 고려하고, 교사가 부재해도 스스로 상황에 맞게 유연하게 판단할 수 있는 내적 기준을 세워주는 것이 훨씬 효과적이다. 하지만 아이 스스로 자기조절을 할 수 있도록 가르치는 과정은 지난하다. 자기 삶을 대하는 태도와 타인을 대하는 자세를 바꾸는 일이 얼마나 어려운 일인지 생각해보면 알 수 있다. 교사의 일관된 태도가 중요한 이유가 이 점에 있다.

지켜야 할 규칙 두 가지

"

— 너희가 가진 가능성이나 잠재력이 어느 정도인지 아는 사람?

— 저 알아요.

— 그래? 무엇으로 알았어?

— 엄마 아빠랑 지능검사 받으러 갔는데요, 저 머리 좋대요.

— 그래? 지능은 환경과 교육에 따라 달라질 수 있다는 것도 배웠어?

— 진짜요?

— 그럼. 잘 자고, 잘 먹고, 잘 뛰어놀고, 열심히 공부하고 친구들과 사이 좋게 지내면 너희 머릿속의 뇌가 최대로 기능할 수 있는데 얼마나 좋아질지는 아무도 몰라. 왜 그럴까?

— 왜 그런데요?

— 아무도 그 다섯 가지를 잘 지키지 못하거든.

— 네?

— 하루 8시간에서 9시간 충분히 자고, 자고 일어나서도 피곤하지 않으려면 자기 30분 전에는 스마트폰이나 컴퓨터를 보면 안 된대. 이걸 지키기 쉬울까, 어려울까?

— 어려워요.

— 그래. 너희가 가진 가능성이 어느 정도인지 잴 수 있는 검사는 세상에 없어. 그걸 알 수 있는 방법은 딱 한 가지뿐이야. 그게 뭘까?

— 노력?

— 그래. 너희들이 수업 시간마다 얼마나 최선을 다하느냐가 중요해. 최선을 다하는 게 쉬워, 어려워?

— 어려워요.

— 맞아, 어려워.

또 최선을 다해서 최고의 결과를 만들려면 잘 자고, 잘 먹고, 잘 뛰어야 하는데 그건 쉬워, 어려워? 그래, 어려워. 그럼 동생이나 친구랑 싸우고 수업에 집중하기는 쉬워, 어려워?

— 어려워요.

— 왜 어려워?

— 계속 화나잖아요.

— 그래. 사이가 나쁜 친구가 많으면 학교 생활하기가 편해, 불편해?

— 불편해요.

— (도덕道德 한자를 쓴다) 선생님이 칠판에 뭐라고 썼지?

— 도덕이요.

— 도道는 길을 뜻해. 도덕의 도는 어떤 길을 말할까?

— 사람이 되는 길이요.

— 그렇지. 사람이 사람다워지는 길. 그럼 덕은 뭘까?

— 덕 덕 자잖아요.

— 그래. 옛말에 선善을 실천하는 걸 덕이라고 불렀어. 그래서 덕이 많은 사람은 선을 많이 실천한 사람이라고 해. 그럼 도덕을 합치면 무슨 뜻이지?

— 사람다워지려면 선을 실천하라?

— 그래. 혹시 톨스토이 알아? 레프 니콜라예비치 톨스토이.

— 아뇨!

— 네! 저 알아요.

— 그래. 톨스토이가 한 세 가지 질문이 있는데, 혹시 아니?

— 아뇨. 그게 뭐예요?

— 톨스토이가 이런 질문을 했어. 가장 중요한 때는 언제인가? 자, 언제일까?

— 지금?

— 그래, 맞아. 지금이야. 다음 톨스토이 질문은 가장 중요한 사람은 누구인가? 자, 누구일까?

— 부모님? 친구?

— 아니. 지금 내 옆에 있는 사람이래. 마지막 질문은 가장 중요한 일은 무엇인가? 자, 무엇일까?

— 공부?

— 운동?

— 착한 일?

— 그래. 지금 내 옆에 있는 사람에게 선을 베푸는 일이 가장 중요하대. 왜 지금 내 옆에 있는 사람에게 선을 베푸는 것이 가장 중요할까?

— 그게 사람다워지는 길이니까요.

— 그래, 맞아. 너희가 가진 가능성을 확인하는 유일한 방법이 뭐였지?

— 스스로 노력하는 거요.

— 너희가 사람답게 살려면 어떻게 해야 한다고?

— 지금 내 옆에 있는 사람에게 선을 베풀어요.

— 1년 동안 너희가 지켜야 할 건 이 두 가지가 전부야. 할 수 있지?

"

사실 아이들이 지켜야 할 규칙은 두 가지뿐이다. 매사에 나는 내가 할 수 있는 최선을 다하고 있는가? 지금 내 옆에 있는 사람에게 선을 베풀고 있는가?

교사도 부모도 아이들을 야단치는 순간은 대부분 이 두 가지를 묻는다.

아무런 노력을 하지 않으면 학습부진이 될까 걱정이고, 친구를 함부로 대하면 학교폭력으로 이어질까 걱정한다. 모든 부모는 자기 자녀에 대해 두 가지 걱정을 한다. 내 아이가 공부는 잘하기를. 친구와 사이좋게 지내기를. 모든 교사 역시 자신이 가르치는 학생에 대해 같은 고민을 한다. 학습부진이 생기지 않기를, 학교폭력이 일어나지 않기를.

아이들이 스스로 노력하는 것을 내적 동기라고 한다. 이것을 갖추면 배우는 게 즐겁고 나날이 조금씩 성장하는 자신을 뿌듯해한다. 타인과 비교하기보다 어제보다 나은 내가 되기 위해 노력하는 과정에 충실감을 느낀다. 가까이 있는 친구들을 소중히 여길수록 심리적 안정감을 느낀다. 무엇보다 지능의 차이, 환경의 차이와 상관없이 어떤 아이도 두 가지 원칙은 기억할 수 있다. 자신이 세워놓은 내적 기준을 바탕으로 주어진 상황과 맥락에 따라 스스로 더 나은 행동이 무엇인지 판단할 수 있다. 같은 원칙을 공유하는 친구와 교사, 이 두 집단과의 상호작용을 통해 만들어진 내적 기준은 더 나은 행동으로 이어질 바탕이 되기 때문이다.

또 하나 짚어야 할 것이 있다. 사람의 작업기억은 한계가 있다. 하지 말아야 할 것을 기억하면 좋은 행동을 기억할 자리가 줄어들뿐더러 자율성이 위축된다. 자신의 잘못을 지적당할까 신경 쓰느라 더 나은 행동이 무엇인지 생각할 겨를이 없어진다. 프레드릭슨의 연구에서 보듯이, 부적 정서를 경험할수록 시야가 좁아지고 기억력은 낮아지며 학습동기는 떨어지기 때문이다. 기억할 수 있는 일곱 개 항목에 하지 말아야 할 것을 채운다면, 해야 할 것을 기억하는 공간이 부족해진다. 자신의 잘못이 드러날까 두려워하고, 타인의 잘못을 지적하기 쉬워진다.

따라서 해야 할 일이 무엇인지 묻는 것이 더 효과적이다. 자신과 타인 모두를 위해 어떻게 해야 하는지 묻는다면 아이 스스로 생각하게 되고, 더 나은 행동에 주목하고, 그것을 기억하고 행동으로 옮길 가능성이 크기 때문이다. 하지만 노력을 지속한다는 것은 어려운 일이다.

성실이란 글자를 아이들의 것으로 만들기

"

뿌듯함 : 기쁨이나 감격이 마음에 가득 차서 벅차다.

성실(誠實, 말씀 언言, 이룰 성成, 열매 실實)

— 뿌듯함의 뜻, 같이 읽어볼까?

— 기쁨이나 감격이 마음에 가득 차서 벅차다.

— 뿌듯함을 느껴본 적 있는 사람?

— 선생님은 언제 뿌듯하셨어요?

— 선생님은……자기 전에 신발 정리할 때, 날마다 책을 읽을 때, 글을 쓸 때, 너희 모두와 면담을 마쳤을 때, 여름방학에 부채 선물했을 때, 졸업한 학생이 어른이 되어서도 어긋나지 않고 열심히 살고 있다고 연락할

때, 너희가 선생님이 하자고 하는 영어 단어 외우기랑 글그릇 키우기 같은 거 열심히 할 때.

— 신발 정리하는 거 짜증 나는데.

— 신발 정리는 누가 시켜서 하는 거야, 아니면 원해서 하는 거야?

— 선생님이 원해서 하는 거잖아요.

— 선생님이 신발 정리를 왜 한다고 했어?

— 가족이 신발 신고 나갈 때 기분 좋아지라고요.

— 그래. 오랫동안 가족을 위한 작은 실천을 꾸준히 하다보니 귀찮음에 지지 않고 신발 정리를 해냈다는 뿌듯함이 있지. 자, 이건 누구와의 약속이었어?

— 선생님이요.

— 그래. 선생님 자신과 한 약속이야. 내 마음속으로 다짐했지. 이 글자를 한번 읽어볼까?

— 성! 실!

— 성실이란 글자, 들어본 사람?

— 저요!

— 다 들어봤네? 그럼 성실이란 글자를 가져본 사람?

— 그걸 어떻게 가져요?

— 성실의 성 자는 무슨 글자가 합쳐진 거야?

— 말씀 언言, 이룰 성成요.

— 그래. 자기가 말한 걸 실천해서 이뤄내면 어떤 감정이 들까?

— 뿌듯함이요?

— 그렇지. 성실한 사람은 자신이 약속한 걸 실천하는 기쁨과 하기 귀찮은 마음을 이겨낸 감격이 날마다 쌓여서 마음에 가득 차겠지. 그래서 너희도 뿌듯함을 느껴보라고 선생님이 하자고 하는 게 있어. 그게 뭘까?

— C&C(자기성장 활동)요?

— 그렇지. 날마다 누구의 성장을 위해 할 일을 쓰는 거야?

— 저희요.

— 날마다 하기 쉬워, 귀찮아?

— 귀찮아요.

— 그 귀찮음을 이겨내면 무엇을 느낄 수 있을까?

— 뿌듯함이요.

— 날마다 뿌듯함을 느끼는 사람은 어떤 사람이야?

— 성실한 사람이요.

— 그 사람은 성실이란 글자를 가진 사람일까, 아는 사람일까?

— 가진 사람이요.

— 선생님은 너희 모두 성실이란 두 글자를 가진 사람이 되었으면 좋겠어. 어때?

”

행복한 등굣길과 행복한 하굣길을 위해

'속도보다 방향'이라는 말이 있다. 처음의 마음은 시간이 지나면 금방 잊힌다. 3월 한 달을 짝도 정하고 모둠도 만들고 학급회의로 학급 규칙도 세우며 바쁘게 보내다가, 4월이 되면 처음의 다짐은 온데간데없이 사라진다. 기억해야 할 학습 내용이 쌓여가는 만큼 망각의 속도는 빨라지기 때문이다. 무엇을 위해 학교에 다녀야 하는지, 어떤 마음으로 하루를 보내야 하는지 잊어버리기 쉽다.

처음 교사의 꿈을 꾸던 시절, 교원임용시험을 준비하던 무렵, 어떤 교사가 될 것인지 고민하고 다짐했던 내 마음도 어느새 기억 저편으로 사라져 버린다. 누구도 왜 교사가 되었는지, 어떤 교사가 되고 싶은지 묻지 않으니까 더욱 그렇다. 아이들 역시 새 학년의 떨림은 흩어지고, 익숙해진 친구들과 어울리느라 왜 학교에 다니는지, 왜 공부해야 하는지, 왜 사이좋게 지내려고 노력해야 하는지 잊어버린다. 목적을 잊기에 학업 스트레스는 커져만 간다. 함께할 수 있는 친구의 소중함은 잊은 채 승패라는 결과에 집착한다.

우리가 학교에 다니는 이유, 함께 배우는 이유를 날마다 생각해보도록 '행복한 등굣길을 위해' 카드를 교실 앞문에, '행복한 하굣길을 위해' 카드를 교실 뒷문에 붙여놓는다. 아침에 모두가 등교하면 다 같이 '행복한 등굣길을 위해' 카드를 읽고 수업을 시작하고, 오후에 모두가 하교할 때 다 같이 '행복한 하굣길을 위해' 카드를 읽고 헤어진다.

행복한 등굣길을 위해

1. 나는 모든 일에 열심히 노력하겠습니다.
2. 나는 모든 친구를 사랑하겠습니다.
3. 나는 소리 내 웃겠습니다. 하! 하! 하!

행복한 하굣길을 위해

1. 나는 가장 건강해지겠습니다.
2. 나는 부모님을 행복하게 만들겠습니다.
3. 나는 소리 내 웃겠습니다. 하! 하! 하!

우리가 학교에 다니는 이유, 함께 배우는 이유

모두가 함께 외치는 '나는 모든 일에 열심히 노력하겠습니다'라는 다짐은 '스스로 최선을 다해 노력하고 있는가?'라는 질문과, '나는 모든 친구를 사랑하겠습니다'라는 다짐은 '지금 내 옆에 있는 친구에게 선을 베풀고 있는가?'라는 질문과 통한다. 학급에서 지켜야 할 두 가지 원칙을 상기하는 것이다.

오후에는 '나는 가장 건강해지겠습니다', '나는 부모님(가족)을 행복하게 만들겠습니다'를 함께 외친다. 잘 씻고, 잘 먹고, 잘 자는 것이 학습의 바탕이기 때문이다. 집안일에 참여하는 것이 가족 구성원이 함께할 시간을 늘리는 일이며 가정의 화목을 촉진하는 방법이기 때문이다. 가족의 행복을 위해 매일 내주는 가족 숙제의 의미를 다시 상기시키기 위해서 아이들과 함께 읽는다.

'행복한 등굣길을 위해'와 '행복한 하굣길을 위해' 카드는 모두 마지막에 '나는 소리 내 웃겠습니다. 하! 하! 하!'로 끝난다. 연구에 따르면, 입꼬리를 올리는 것만으로 기분의 변화가 나타난다고 한다. 더구나 웃음은 타인에게 옮겨가기 쉽다. 함께 소리 내어 웃는 것만으로도 하루의 시작과 마무리를 기분 좋게 끝낼 수 있기에 마지막 문장에 넣었다.

존 화이트John White(2013)에 따르면, 아이들이 개인적으로 번영하는 삶을 살 수 있게 도와주는 일은 자기 이익을 먼저 생각하는 사람이 아니라, 한 사람에게 좋은 것이 다른 사람에게 좋은 것과 구별되지 않음을 가르치는 것이라고 한다. 또한 충만한 삶을 이루는 가치추구와 개인적 유대 속에서 서로에게 좋은 것을 나누도록 키우는 것이라고 했다.

자기가치확인self-affirmation theory 이론이라는 것이 있다. 시험이나 면접 전 자신이 추구하는 가치를 떠올려보는 것만으로 스트레스 지수가 낮아진다고 한다. 또한 자신의 삶에서 의미를 찾는 노력은 정신적인 고통은 줄여주고 신체건강과 관계의 만족도를 높여준다고 한다. 날마다 '행복한 등굣길을 위해' 카드를 읽으며 어떤 마음으로 학교 생활을 할 것인지 떠올려보고, '행복한 하굣길을 위해' 카드를 읽으며 어떤 태도로 가정 생활을 할 것인지 생각해본다면, 학교와 가정에서 스트레스를 덜 받으며 더욱 건강하고 행복하게 생활할 것이라 생각해서 아이들과 날마다 함께 읽는다.

D-Day 정하기: 마감 효과deadline effect 노리기

수업이 끝없이 이어진다면 아이의 마음은 어떨까? 출근했는데 퇴근을 기약할 수 없다면 교사의 마음은 어떨까? 개학은 했으나 방학이 없다면 학생과 교사의 심정은 어떨까? 방학이 시작되었으나 개학이 무기한으로 연기된다면 학부모의 마음은 어떨까? 쉬는 시간이 있기에 수업 시간에 집중할 수 있다. 퇴근 시간이 있기에 주어진 일에 더 집중할 수 있다. 방학이 있기에 학기 중에 전념할 수 있다. 학생도, 학부모도, 교사도 모두 자신이 바라는 끝이 있기에 현재에 더 집중할 수 있다.

인지심리학자 에이머스 트버스키Amos Tversky와 엘다 샤퍼Eldar Shafir가 말한 마감 효과를 떠올려보자. 이는 기한이 정해질 때 집중력이 높아지는 것을 말한다. 집중력을 높이는 조건은 두 가지가 있다. (1) 수행 가능한 주어진 과제 (2) 정해진 시간이 그것이다. 아이들이 해결할 수 있는 문제를 시간을 정해놓고 푸는 각종 평가나 놀이가 여기에 해당한다. 시간 제한이 있기에 더 높은 주의집중력을 보여줄 수 있다는 마감 효과가 시험 같은 평가나 놀이의 조건을 통해서도 발휘되는 것이다.

아이들이 1년에 등교하는 일수는 약 190일이다. 남은 수업일수를 칠판 오른쪽 구석에 적는 데는 여러 가지 이유가 있다. 첫째, 아이들과 헤어지는 날이 정해져 있다는 것을 상기할 수 있다. 끝이 있기에 함께 있는 동안 최선을 다하자고 말할 수 있다. 둘째, 교사로서는 소진burnout을 막을 수 있는 작은 조치가 된다. 날마다 최선을 다해 아이들을 가르치는 일 말고도 과도하게 주어진 업무를 해야 할 때가 많다. 시기가 다가오면 힘들고 어려운 업무에서 벗어날 수 있다는 것을 아는 것만으로도 심리적으로 안정감을 느끼기 때문에 도움이 된다.

셋째, 아이들 지도에 여유를 가질 수 있다. 사람은 한 번에 바뀌지 않는다. 사람을 둘러싼 수많은 변인을 떠올려보자. 아이들에게 영향을 미치는 수많은 변인이 하나씩 하나씩 아이의 성장을 위해 방향을 바꿔가려면 얼마나 많은 시간과 얼마나 많은 노력이 필요할까?

식사, 수면, 운동, 학습, 관계에 더해 아이 스스로 인지와 정서를 자기조절하도록 도우려면 교사의 일관되고 지속적인 지도가 필요하다. 아무리 노력해도 바뀌지 않을 수 있다. 그래서 우리에게는 열두 명의 담임 교사가 존재한다. 눈앞에 보이지 않는 아이의 변화가 내년에 새로운 담임 선생님을 만나 꽃피울 수 있다. 긴 호흡으로 날마다 조금씩 아이의 마음을 두드리고, 생각을 알아가려는 노력이 쌓였을 때 늦게 피는 프리지어꽃처럼 아이도 성장할 것이다.

사전 안내와 예측 가능성 높이기

해마다 2월이면 교사는 새 학교로 이동한다. 새로운 학교로 이동하면 새로운 동료 교사들을 만나고 새로운 환경에서 생활해야 한다. 어느 학교로 갈지, 어떤 동료를 만날지, 어떤 환경에서 근무할지 모르기에 긴장감이 커진다. 낯선 동료와 함께 생활해야 한다는 부담은 그들이 어떤 사람인지 모른다는 점, 다시 말해 어떤 반응을 보일지 예측할 수 없다는 점 때문에 스트레스를 높이는 요인이 된다. 처음 교사가 되었을 때를 떠올려본다. 학급경영은 어떻게 해야 할지, 업무는 어떻게 해야 할지 잘 모르기 때문에 긴장으로 가득 찬 하루를 보내고, 퇴근하면 정신없이 잠에 빠져들기 일쑤였다.

아이들도 똑같다. 학년이 올라갈수록 교과가 달라지고, 난이도가 올라간다. 다음을 예측하고 준비할 시간이 필요하다. 성인과 다르게 아이들은 주의 전환에 시간이 필요하다. 예측 가능성을 높이기 위해 주간학습 안내를 배부하거나, 시간표대로 수업을 진행하는 이유는 주의 전환 시 미리 준비할 수 있는 심리적 여유를 줌으로써 아이들이 느끼는 스트레스 지수를 낮춰주기 위해서다.

예측 가능성을 높이면 일반 아동뿐 아니라 특수아동도 도움을 받는다. 장면 전환에는 높은 수준의 인지·정서적 자기조절 능력이 필요하다. 낮은 인지를 가진 지적장애 아동이나 자폐성 발달장애 아동에게는 교사가 직접 다가가 그날 수업의 순서나 대략적인 내용, 준비 사항을 알려준다. 발화가 가능한 아이의 경우, 아이가 직접 말해보도록 기회를 준다. 조금만 신경을 쓰면 아이의 스트레스 수치를 낮춰줄 수 있다.

2장
학급경영의 원칙과 다짐: 두 번째

한 학기에 두 번 자리 바꾸기

매년 자리를 바꾸는 시기를 4회로 고정한다. 3월 첫날, 5월 첫날, 2학기 개학일, 11월 첫날. 한 학기 수업일수가 약 95일 정도니까, 한 번 짝이 정해지면 47일 정도, 달수로 두 달은 함께 지내야 한다.

덕분에 아이들에게 잔소리를 많이 들었다. 왜 옆 반처럼 자주 자리를 바꾸지 않느냐고. 우리도 자리를 바꿔달라, 학급회의에 올리겠다. 그래도 물러서지 않고 원칙을 세운 까닭을 설명하고 원칙을 고수했다.

이렇게 많은 사람 가운데 같은 학교, 같은 학년, 같은 반이 된 것은 대단한 인연이고 어쩌면 운명이다. 하지만 어떤 인연도 취사선택할 수는 없다. 가족도, 직장도, 학교도 어디든 같은 원리를 따른다. 부모를 골라서 가족이 될 수 없고, 직장 구성원을 골라서 직장을 다닐 수 없고, 학생을 골라서 혹은 교사를 골라서 학교에 다닐 수 없다.

피할 수 없는 인연 속에서 내 인격이 드러나고, 내 그릇의 크기를 알게 되는 법이다. 오해와 갈등 속에서 타인에 대한 왜곡된 인식이 드러나고, 대화와 화해 속에서 서로에 대한 이해가 깊어진다.

페이스북 관련 연구 중에 SNS가 주는 이로운 점과 해로운 점을 다룬 연구가 꽤 된다. 이로운 점은 다양한 계층의 타인이 가진 서로 다른 관점을 접함으로써 한 개인이 가지기 쉬운 여러 가지 편향을 일깨우기도 하고, 사회 전반의 의식 역시 구성원이 가진 사회적 바람직성social desirability에 의해 수정되기도 한다는 결과를 보면서 수긍하기도 했다.

하지만 단점도 있다. 성인기의 토대가 되는 아동청소년기에 아이들이 익혀야 할 사회성을 왜곡시킨다는 것이다. 이미 아이들은 얼굴을 마주하며 우정을 만들어가는 관계보다 웹 화면 너머로 친교를 쌓아가는 관계가 익숙하다. 나와 다르면, 내가 불편하면 '페삭'(페이스북 친구 목록에서 삭제한다는 뜻)하거나 차단한다. 이렇게 온라인에서 학습한 사회성을 오프라인에서도 같이 적용할 가능성이 크다는 것이다.

무엇이 오해인지, 왜 서로 갈등하는지 그 이유를 생각하지 않는다. 만나서 대화하는 것이 불편하고 화해하는 것이 부담스럽기 때문이다. 세상에 사람은 많고 나와 뜻이 맞는 사람을 찾으면 된다. 하지만 잘 찾을 수 없다. 세상 어디에도 100퍼센트 내 마음과 맞는 사람이 없다는 것을 알게 된다. 가족도, 친구도 어쩌면 나 자신도 제 마음에 들지 않아 용서하지 못하는 사람이 있다. 그래서 미국의 발달신경과학자 에드 트로닉Ed Tronick은 『관계의 불안은 우리를 어떻게 성장시키는가』(북하우스)에서 '관계의 혼란 속으로 뛰어드는 것이 위험하다고 느끼는 이들은 결국 성장과 변화에 도움이 안 되는 고정된 상호작용 패턴을 유지할 수밖에 없다'라고 분석했다.

학교라는 곳을 보자. 교실이란 공간에서는 오해와 갈등이 생겨도 피할 수 없다. 대화해야 하고 화해해야 마음 편하게 학교 생활을 이어갈 수 있다. 그런 어쩔 수 없는 제한적 조건이 서로에게 관심을 가져야 할 이유가 된다. 서로를 이해할수록 자신을 이해하게 된다. 나와 같은 발달을 거치는 낯선 타인을 통해 나를 비춰볼 수 있기 때문이다.

내가 가진 미성숙이 그리 심각한 문제가 아님을 깨닫고, 미성숙한 자신을 받아들이고 더 나은 자신을 그려볼 수 있다. 서로 다른 친구들의 삶을 가까이에서 지켜보며 미성숙한 자신을 돌아보고, 보다 성숙한 자신의 미래를 꿈꿔볼 수 있다. 그 과정을 지켜보고 지지하고 격려해줄 교사가 있다. 학교가 아니고서는 어디서도 배울 수 없는 것이다.

그래서 굳이 할 수 있는 데까지 갈등을 해결해본 후에 짝을 바꿔보도록 한다. 바꾼다 한들 역시 모두를 만족시키는 조합이 없다는 것을 알게 되는 것만큼 지금 내 옆의 친구와 더 좋은 사이가 되어야겠다는 다짐을 하게 만드는 것은 없기 때문이다.

교사의 자기개방과 권위 쌓아가기

매년 3월 나는 아이들에게 왜 교사가 되었는지, 어떤 교사가 되고 싶은지를 이야기한다. 이야기를 꺼내며 교사인 나 자신이 바라던 교사로서의 삶도 돌아보게 되고, 아이들에게도 자신 앞에 서 있는 교사가 존재하는 이유를 생각해보게 한다. 상호성의 원리에 따라 교사가 어떤 삶을 살고 있는지 드러내는 것은 아이의 자기개방과도 관련이 있다. 교사의 자기개방이 학생을 신뢰하는 신호로 받아들여지기 때문이다. 그런데 자기개방만으로는 교사와 학생 사이에 신뢰가 쌓이지 않는다.

아이들은 실내화를 신지 않거나, 복도에서 뛰거나, 계단 대신 엘리베이터를 이용할 때가 많다. 그때마다 실내화를 신으라고, 복도에서 천천히 다니라고, 계단을 이용하자고 말하지만, 아이들 눈치가 보인다. 아이들에게 시키는 대로 어른들은 하지 않기 때문이다. 빨간불에 건너지 말라면서 정작 빨간불에 길을 건너는 어른들이 그렇듯이. 그래서 교사의 말에 힘이 없어진다. 말의 힘은 행동에서 나오기 때문이다.

> 모범을 보이는 것은 다른 사람에게 영향을 미치는 가장 좋은 방법이 아니다. 유일한 방법이다.
>
> —알베르트 슈바이처

수년간 해온, 좋은 문장을 같이 읽고 글로 써보게 하는 글그릇 키우기 활동에서 아이들은 문장을 읽고 자신의 생각을 쓴다. 교사인 내가 아이들에게 지도하는 대로 실천해야 아이들에게 영향을 미칠 수 있다. 그래서 1층에서 실내화를 갈아 신고, 다리를 다치거나 무거운 짐을 옮기지 않는 한 계단을 이용하며, 급식을 골고루 먹고, 날마다 한 쪽 이상의 책을 읽고, 한 줄 이상의 글을 쓰며, 주 3회 이상 운동을 하려고 노력한다. 욕하거나 때리지 말라고 가르치기 때문에 나 역시 어떤 경우에도 욕하지 않고 때리지 않는다. 그런 나날의 실천을 아이들에게 이야기하며 함께 해보자고 권한다.

아이들이 말을 듣지 않는 것은 교사조차 하지 못하는(않는) 일을 아이들에게 강요하기 때문이다. 좋은 삶은 어렵고 힘들다. 어렵고 힘든 만큼 우리 삶을 충실하게 만들어주고 뿌듯함을 느끼게 한다. 아이들이 자기 삶에 충실해지도록, 자신의 하루를 돌아보며 뿌듯함을 느끼게 하려면 교사 역시 같은 삶을 살아야 하지 않을까? 더 좋은 삶을 살기 위해 함께 노력하자고, 그 충실함과 뿌듯함을 함께 느껴보자고 권하는 교사의 삶을.

담임 소개서 쓰기

앞서 교사의 자기개방이 학교를 향한 학부모의 불안을 낮춰주고, 교사에 대한 신뢰를 높일 것이라고 가정한다고 했다. 그런 생각으로 나는 담임 소개서를 해마다 아이들의 가정에 보내고 있다. 담임 소개서에 쓰여 있는 문장은 나름의 이론적 근거를 바탕으로 썼다.

먼저 우리 반 급훈을 살펴보자. '지은知恩을 최고로, 보은報恩을 제일로 모든 일에 함께 노력하자'라는 문장은 감사와 관련이 있다. 긍정심리학계의 거장인 크리스토퍼 피터슨Christopher Peterson과 박난숙 미시간대학교 교수(Peterson & Park, 2006)에 따르면, 아동의 연령이 증가할수록 감사와 행복의 상관 정도도 증가했다. 미국의 심리학자 제프리 프로Jeffrey Froh와 찰스 유커비츠Charles Yurkewicz는 감사가 지지적 관계를 강화하고 친사회적 행동을 증가시킬 수 있다고 했다(Froh & Yurkewicz et al, 2009). 다른 연구에서도, 감사를 느낄 때 절제력은 두 배 가까이 증가한다는 결과가 있다. 자기조절력 혹은 만족지연 능력이 감사를 통해 길러진다고 볼 수 있는 것이다. 감사할 줄 알아야 리질리언스의 사회적 지지 요인을 높일 수 있고, 개인 요인의 정서적 자기조절력을 강화시킬 수 있다는 뜻이다.

안녕하십니까?

*학년 *반 담임을 맡게 된 교사 천경호입니다.

저는 깊은 신뢰를 바탕으로 '지은을 최고로, 보은을 제일로 모든 일에 함께 노력하는' 아이들로 자라도록 아이들과 함께 노력하며 성장하고 싶습니다. 아이들을 저보다 훌륭한 사람으로 키우기 위해 아이들의 장점에 주목하고 과정을 칭찬하며, 노력을 지속하는 아이로 자라도록 지도하겠습니다. 이는 내가 살아가는 데 있어서 도움을 주신 모든 분의 고마움을 알고 그 고마움에 보답하고자 노력하는 훌륭한 인격을 가진 아이들로 키우기 위함입니다. 세상에서 가장 건강하고, 가장 노력하며, 가장 사이좋은 *학년 *반으로 만들고자 합니다.

이를 위해 저도 1년 동안 아이들과 함께 노력하고자 합니다. 쇠가 뜨거운 불에 달구어져 힘찬 망치질 속에서 훌륭한 검이 되듯이, *학년 *반 아이들 한 명 한 명이 단 한 명도 빠짐없이 훌륭하게 자랄 수 있도록 몇 가지 저의 계획과 부탁의 말씀을 드리고자 합니다.

첫째, 일대일 학생 개인면담을 전원 실시할 것입니다. 반 아이 중 단 한 명이라도 제가 모르는 이유로 인해 오해가 생기고 그로 인해 학교생활에 어려움이 생겨서는 안 되기 때문입니다. 담임으로서 아이들 한 명 한 명에 대해 깊이 이해하고 있어야 인성지도와 학습지도에 더욱 효과적이기 때문입니다.

둘째, 가족 숙제를 매일 내보낼 것이오니 반드시 가정에서 관심을 가지고 지도하여 주십시오. 내 아이가 힘들어할까봐 학교에서 내준 가족 숙제를 못하게 하는 것은 부모가 자식이 어떠한 노력을 하고 있는지 공감할 수 있는 기회를 빼앗는 일이며, 힘들고 어렵고 더러운 일은 당연히 부모가 해야 한다는 잘못된 고정관념을 심어주어 아이들의 인성발달에 좋지 않은 영향을 끼치기 때문입니다.

셋째, Change & Challenge(이하 C&C) 활동을 할 것입니다. 이는 리처드 라이언과 에드워드 데시의 자기결정성 이론에서 말하는, 내적 동기를 높여주는 자율성, 유능성, 관계성을 근거로 구성한 프로그램입니다. 스스로 자신의 성장을 위해 간단하고, 달성 가능하며, 즉시 실천할 수 있고, 구체적이며, 긍정적인 목표를 정해 매일 조금씩 실천하며, 함께 선의의 경쟁을 할 수 있도록 해 그 과정의 기록을 졸업식 날에 돌려줍니다. 많은 관심과 격려를 부탁드립니다.

넷째, 매일 두 가지 질문을 자녀에게 해주십시오. "오늘은 선생님에게 무엇을 배웠니?" 대신 "무엇을 물어보았니?"라고요. "오늘은 어떤 안 좋은 일이 있었니?" 대신 "오늘은 어떤 좋은 일이 있었니?"라고요.

무엇을 배웠는지보다 무엇을 궁금해했는지가 학습기억력, 학습동기를 훨씬 높여줍니다. 좋은 일을 찾고 이야기하는 습관이 아이의 긍정성을 높이고, 긍정적인 아이가 삶을 더 행복하게 느끼며, 행복한 아이가 장기적인 학습동기가 높기 때문입니다. 더불어 만 13세까지는 부모가 책을 읽어주는 것이 자녀의 학업성취에 훨씬 도움이 된다는 사실을 말씀드립니다. 바쁘시더라도 일주일에 한 번은 꼭 자녀에게 책을 읽어주시길 부탁드립니다.

다섯째, 매달 학부모 편지를 보내드리겠습니다. 아이들이 무엇을, 왜, 어떻게 배우며 성장하고 있는지, 아이들이 얼마나 열심히 학교 생활을 하고 있는지 알려드리는 것이 교사와 학부모 사이에 신뢰를 쌓는 초석이 된다고 생각하기 때문입니다. 추후 이어질 각종 학급 내 교육 활동도 학부모 편지로 안내해드리겠습니다.

마지막으로, 자녀교육 관련 자료를 매주 주간학습 안내에 첨부하여 보내드리니 참고해주시기 바랍니다. 자녀와 관련된 어떠한 것도 상담할 수 있사오니, 언제든지 제 이메일(***)이나 교실(***)로 연락해주시면 감사하겠습니다. 전화는 수업 시간이나 오후 늦은 시간에는 통화가 어려우니 교무실에 메시지를 남겨주시면 전화를 드리겠습니다.

올 한 해도 늘 건강하시고, 가내 두루 행복하시길 진심으로 기원합니다.

20**년 3월 2일

*학년 *반 담임 천경호 올림

이와 관련해서 감사 활동을 주제로 한 학자들의 연구를 살펴보았다. 미국의 긍정심리학자 소냐 루보머스키Sonja Lyubomirsky(2005, 2008)에 따르면, 주 1회 감사일기를 작성하거나 8주 동안 매주 15분씩 한 사람에게 감사편지를 쓰는 것이 행복을 증진시키고, 일기 쓰기를 멈춘 후에라도 9개월간 효과가 지속되었다고 한다. 학습된 무기력을 이야기한 미국의 심리학자 마틴 셀리그만Martin Seligman(2005) 등에 따르면, 감사편지를 직접 전달하는 것도 행복감을 증진시킨다. 또 개인이나 환경의 이로움에 대한 고마움을 인식하게 하는 방식의 청소년기 감사 개입, 괴롭힘으로부터 보호해주는 친구나 숙제할 때 도움을 주는 친구에게 고마움을 표현하게 하거나, 과제를 열심히 하는 친구를 격려하도록 가르치면 아이들 사이에 우정을 강화하는 것은 물론, 학교 생활 만족도와 학업성취를 높일 수 있다고 한다.

이처럼 이론을 기반으로 한 교사의 철학이 담긴 담임 소개서를 가정에 보내서 교사로서 나의 교육철학과 이를 기반으로 무엇을 어떻게 가르칠지 안내하는 이유는 학부모와 교사가 서로 신뢰하며 같은 방향의 교육을 하기 위해서다. 또한 담임 교사의 교육철학과 이론을 바탕으로 한 구체적인 교육 활동을 소개해 같은 목적의 교육과 양육을 도모하는 것이 아이들의 정서적 안정에 큰 도움이 되기 때문이다. 교사와 부모가 서로 다른 방향의 교육을 하게 될 경우, 가장 혼란스러운 것은 바로 아이라는 점을 잊어서는 안 된다.

일대일 면담하기

아이를 오해하지 않고 제대로 이해하기 위해 해마다 반 아이 한 명 한 명과 일대일 면담을 한다. 면담은 사전에 날짜와 시간을 협의해서 정한다. 아이들 역시 방과후 일정이 바쁘기 때문이다. 면담할 때는 가급적 대각선으로 1미터 정도 거리를 두고 앉는다. 일대일 면담을 꼭 하려고 노력하는 데는 중요한 이유가 몇 가지 있다.

첫째, 만 11세 이후로 또래 행동이 증가하기 때문이다. 11세 이후부터는 높은 스트레스를 받을 때 어머니 같은 보호자보다 또래 친구들과 있을 때 스트레스 수치가 낮아진다는 연구 결과가 있다. 함께 있을 때 마음 편한 상대와 같이 있으려 하는 것은 인지상정일 것이다.

둘째, 사춘기에 접어들면 우리 뇌는 가지치기pruning가 일어나기 때문이다. 사용하지 않는 뉴런과 뉴런을 연결하는 시냅스 중 사용하지 않는 시냅스는 정리해서 뇌를 효율화한다. 시냅스는 흥분성과 억제성 두 가지로 나뉘는데, 사춘기에는 흥분성 시냅스가 80퍼센트, 억제성 시냅스가 20퍼센트 정도라고 한다. 아이들이 왜 이렇게 날뛰는지 상상이 가지 않는가?

셋째, 가지치기로 인해 아동기와 비교해 청소년기 피질의 편도체 통제력이 떨어지기 때문이다. 충동조절이 더 어렵다는 뜻이다. 충동조절이 어려워지고, 편도체도 쉽게 자주 과잉활성화하며, 또래끼리 집단행동을 할 가능성이 크다. 매우 위험한 시기다.

넷째, 아이들 개인의 삶을 잘 모르기 때문이다. 잘 모르기 때문에 한순간의 말과 행동만 보고 아이를 판단하기 쉽다. 한번 생긴 오해는 교사와 학생 사이의 신뢰를 잠식해간다. 오해가 생기지 않으려면 아이들 개개인의 삶에 관심을 가져야 한다.

면담할 때 내가 아이에게 던지는 주된 질문이나 관심사는 크게 세 가지 주제다.

첫째, 방과후 어떤 일과를 보내는가를 묻는다. 방과후 프로그램을 수강하는지, 보습학원에 다니는지, 예체능학원에 다니는지 물어본다. 학업성취, 사회성, 삶의 균형을 살펴볼 수 있기 때문이다. 한 연구에 따르면, 학업성취에 가장 큰 영향을 미치는 요인은 피드백이고, 다음이 교사-학생 관계라고 한다("10 selected effects from Visible Learning", visiblc-learning.org에서 인용). 피드백은 목표 달성을 위해 아이가 노력하는 방식에 관한 정보를 제공하는 것이다. 가까이에서 아이가 노력하는 과정을 지켜보는 타인의 수가 많다면 적절한 피드백을 받을 가능성이 크고, 아이는 더 나은 방식으로 학습을 지속할 수 있다. 방과후 프로그램, 보습학원, 예체능학원 등 다양한 경로의 피드백은 모두 신체·인지·정서의 건강한 발달을 위해 아이 스스로 어떤 노력을 기울여야 하는지 중요한 지표가 되어줄 수 있다.

둘째, 저녁 시간과 주말을 어떻게 보내는가를 확인한다. 가족과 함께 자주 식사하는지, 가족관계는 안정적인지, 여가 활동은 어떻게 보내는지를 알면 아이에 관한 여러 가지 정보를 추측할 수 있다. 부모와 아이와의 관계

혹은 보호자 간 관계의 안정성을 살펴봄으로써 아이의 코르티솔 수치가 높은지 낮은지 추측이 가능하다. 여가 활동과 대화 시간으로는 아이의 언어발달이나 사회성을 짐작할 수 있다. 자신보다 성숙한 보호자라는 타인과 대화를 자주 오래 나눌수록 언어발달은 물론, 그들을 통해 세상을 들여다볼 기회를 얻을 수 있다. 여가 활동을 꾸준하고 다양하게 경험할수록 사회적 상식을 몸으로 익힐 기회를 얻을 수 있기 때문에 면담이 중요하다.

셋째, 아이의 성장과 관련한 약속을 한다. 한 연구에서 수백 명의 학생이 에세이를 쓴 후 교사에게 중요한 피드백을 받았다. 그중 절반은 피드백 아래 한 줄의 추가 문장을 받았고, 다른 절반은 추가 문장을 받지 못했다. 1년 후 추가 문장을 받은 학생들의 학업성취가 훨씬 더 높아졌다는 결과가 나왔다. 교사가 써준 그 문장은 "너를 믿으니까 이 이야기를 해주는 거다"였다(Cohen & Garcia, 2014). 약속은 학습과 관계, 두 가지 영역과 관련 있다. 매일 10분이라도 책을 읽자거나, 하루 10분이라도 운동을 하자거나, 수학 문제집을 매일 한 쪽씩 풀어보자는 약속이다.

또한 교우관계에 어려움을 느끼는 아이라면, 좋은 친구가 되기 위해 어떤 노력을 해야 하는지 아이 스스로 답을 찾게 하고 아이가 내놓은 답을 실천해보도록 격려한다. 교우관계가 좋은 친구라면 교우관계를 힘들어하는 다른 친구에게 먼저 인사나 안부를 물어달라고 부탁한다.

이때 친하게 지내라는 말은 하지 않는다. 가까워지지 않는 사람과 사이좋게 지내라는 것보다 친절하게 대하라고 부탁하는 게 양쪽 모두에게 덜 부담스럽기 때문이다. 억지로 좋은 관계를 강요한다 해도 좋은 결과를 얻지 못할 가능성이 훨씬 크고, 교사라는 권위를 이용해 함부로 학생에게 무리한 요구를 해서도 안 된다고 생각하기 때문이다. 따라서 친해지는 건 선택, 친절하게 대하는 건 필수라고 가르친다. 민주시민으로서 나 이외의 타인과 사이좋게 어울려 지내는 역량이 중요하기 때문이다.

이처럼 일대일 면담을 통해, 학급이라는 집단을 구성하는 학생 개개인과 교사 사이에 일대일 관계를 형성할 수 있다. 교사와 학생의 일대일 관계가 집단행동이 일으키는 문제를 사전 예방하는 토대가 될 수 있다. 집단 구성원 각자와 라포를 형성해두면 또래집단의 에너지를 좋은 방향으로 바꿀 수 있기 때문이다. 또한 학업성취가 우수한 친구나 사회성이 높은 친구에게 성취가 낮은 학생이나 사회성이 낮은 학생을 위한 적절한 도움을 부탁할 수도 있다.

이건 교사 자신을 위한 일이기도 하다. 교사가 학급 내 모든 문제를 해결할 수 없다. 교실에서 교사는 한 명이고, 학생은 다수다. 따라서 교사 한 명이 모든 아이 곁에 항시 머무를 수는 없다. 아이들 곁에 가장 가까이 있는 건 바로 아이들이다. 즉, 아이들 곁에 좋은 친구가 많아져야 한다. 일대일 면담을 통해 아이들에게 서로가 서로에게 좋은 친구가 되어달라고 부탁하고, 면담이 끝난 후에는 아이들이 이 약속을 잘 지키고 있는지 확인함으로써 리질리언스의 사회적 지지 요인을 높여줄 수 있다.

헤어지는 날 손편지 써주기

사람은 완벽하지 않다. 누구나 실수를 하기 마련이다. 실수란 타인의 지적이 없다면 알아차리기 어렵다. 아이들과 함께 190일을 지내다보면 분명 실수할 때가 있다. 교사는 많은 아이와 상호작용을 하다보니 자신의 실수를 잊기 쉬운 반면에, 아이들은 교사 한 사람과 상호작용하다가 교사의 실수를 접하게 되면 오래 기억에 남을 수밖에 없다. 또한 교사 역시 아이들 한 명 한 명에게 거는 기대와 관심을 모든 학생에게 있는 그대로 전하지 못하기 마련이다. 말이란 흩어지고, 시간이 지날수록 망각의 범위는 커진다. 그래서 편지에 마음을 담아 손글씨로 써서 아이들에게 흔적을 남긴다. 시간이 지나도 종이에 쓰인 글자에 마음을 담아둔다면 긴 시간이 흘러 어른이 되어도 그 마음을 다시 느낄 수 있을 것이기 때문이다.

행동경제학과 인지심리학의 바이블로 불리는 『생각에 관한 생각』(김영사)의 저자 대니얼 카너먼Daniel Kahneman은 가장 강렬한 정서경험(절정)과 마지막 순간에 느낀 정서경험(대미)이 전체 행복도에 강력한 영향을 미친다고 했다.

해마다 종업식 날 혹은 졸업식 날, 아이들에게 손편지를 써서 건넨다. 교사로서 1년 동안 아이들에게 잘해준 적도 있고, 잘못한 적도 있을 것이다. 하지만 학생의 행복과 성장을 바라는 마음은 한결같다. 학생 개개인이 보여준 노고에 고마운 마음을 표현하고, 아이들 각자의 미래에 낙관적 기대를 전함으로써 이별의 순간을 마무리한다.

처음에는 아이 한 명 한 명을 떠올리며 손편지 쓰는 일이 힘들었다. 하지만 한 해, 두 해 자꾸 쓰다보니 아이들의 노력에 더 주의를 기울이게 되고, 나의 부족함을 진심으로 사과하게 된다. 또한 아이들의 장점을 더 잘 보게 되고, 긍정적인 기대를 더 많이 표현하게 되었다. 스스로 나 자신에게 부여한 좋은 과제가 나를 조금 더 나은 교사로 이끌어준 것이다.

종업식 편지

아래는 이런 마음을 담은 짧은 편지 내용을 정리한 글이다. 반 아이들 한 명 한 명에게 써준 편지다(아이들 이름은 '김호두'라는 가명으로 모두 통일했다).

교실 한가득 울려 퍼지는 김호두의 웃음소리 덕분에 교실이 조금 더 즐거울 수 있었단다. 부족한 선생님을 만나 1년 동안 고생 많았다. 6학년이 되면 더욱 즐겁고 행복하게 학교 생활 하자. 언제나 어디서나 노력하는 김호두의 모습을 기대하마. 고맙다. 호두야.

시를 세 편이나 외운 김호두. 수학 시간에 모르는 문제를 끝까지 풀려고 친구에게 물어보고, 선생님에게 물어보는 모습을 보고 얼마나 기뻤는지 모른다. 6학년이 되면 지금보다 더 노력하는 김호두가 되기를. 무엇이든 최선을 다하는 김호두가 되자. 20**년은 더욱 희망찬 한 해로 만들자. 고맙다. 호두야.

가장 노력하는 사람으로 가장 많이 뽑힌 김호두. Change & Challenge를 열심히 해준 덕분에 다른 친구들도 좋은 자극을 받아서 열심히 하더구나. 호두 덕분이라고 생각한다. 6학년이 되면 우리 더욱 노력하자. 1년간 정말 고생 많았다. 고맙다. 호두야.

친구의 마음을 깊이 이해하려고 애쓰는 마음 따듯한 김호두. 친구의 부족함을 이해해주고 친절한 행동으로 도와주는 호두의 모습을 보고 선생님도 많이 배웠단다. 6학년이 되어서도 지금의 훌륭한 모습 잃지 말고 많은 친구들에게 좋은 영향을 주기 바란다. 고맙다. 호두야.

아무리 사소한 선생님의 부탁도 가장 먼저 나서서 도와주고 행동으로 옮기는 김호두의 솔선수범 모습을 보고 선생님도 많이 배웠단다. 6학년이 되어서도 더욱 솔선하는 우리가 되자. 지난 1년간 정말 고생 많았다. 호두야. 고맙다.

선생님의 이야기 중 작은 것도 놓치지 않고 기억하는 김호두. 무엇이 부족하고 무엇을 노력해야 하는지 묻고 더 열심히 노력하는 모습을 보며 선생님도 정말 기뻤단다. 6학년이 되면 더욱 노력해서 성장하는 호두가 되기를 기원하마. 고맙다. 호두야.

언제 어디서나 자신감 넘치는 김호두의 모습을 보며 느낀 바가 많았단다. 호두의 자신감 넘치는 모습을 주변 친구들이 보고 배우면 정말 좋겠다고 생각했거든. 앞으로 더욱 노력하는 김호두가 되어 주변 친구들의 귀감이 되어주기를 바란다. 한 해 동안 정말 고생 많았다. 호두야.

수학 익힘책을 다 풀고 문제를 해결한 아이들이 이름을 적는 '수학 박사' 자리에 이름을 쓰던 김호두. 5, 6학년이 다 보는 앞에서 4분 넘는 노래를 홀로 끝까지 부르던 김호두. 그래서 가장 용기 있는 김호두라고 선생님은 생각해. 6학년이 되면 더욱 용기 있는 김호두가 되기를 기원하마. 고생 많았다. 호두야. 고맙다.

선생님에게 가장 많은 위로와 격려의 메시지를 보내준 김호두. 호두보다 선생님 마음에 공감해준 친구는 없었던 것 같구나. 6학년이 되면 더욱 노력하는 김호두가 되어 공감은 물론, 성실도 호두의 글자로 만들기를 바란다. 고맙다. 호두야.

김호두가 가장 아끼는 단어가 있다면 아마 우정이 아닐까, 선생님은 생각한단다. 좋은 친구를 사귀려면 좋은 친구를 만나는 것보다 내가 좋은 친구가 되는 것이 먼저란다. 앞으로 호두가 더 많은 친구의 좋은 친구가 되어주기를 바란다. 할 수 있지? 고맙다. 호두야.

작은 일에도 고맙다 말하는 김호두. 스스로 준비물과 숙제를 잘 챙기고 학교에 오는 호두를 보며 참 대단하다 생각하게 된단다. 그래서 호두가 참 고마워. 6학년 되어서도 주변 친구에게 호두의 감사하는 마음이 널리 퍼지길 기원하마. 한 해 동안 정말 고생 많았다. 호두야. 고맙다.

매일 아침 8시 30분. 김호두가 학교 오는 시간. 하루도 빠짐없이 글똥누기를 쓰고, 영어 단어 5개를 외우는 호두의 부지런함을 누가 따라올 수 있을까 생각한다. 6학년이 되어 더욱 노력하는 우리가 되자. 호두야. 고맙다.

누구도 따라올 수 없는 속도. 정확한 발음으로 속사포처럼 랩을 하던 김호두의 모습을 보면서 자유가 생각나더구나. 리듬, 박자와 같은 정해진 틀 속에 가사를 넣어 부르는 모습. 호두가 더 자유로워지려면 공부도, 독서도, 운동도 더 열심히 해서 더 멋진 랩을 할 수 있게 되는 것이 아닐까 해. 고맙다. 호두야.

박자두가 시를 외웠을 때 내 일처럼 기뻐하던 김호두의 모습을 보고 선생님도 참 기뻤단다. 함께 해냈다는 그 느낌이 얼마나 좋은지 호두가 알고 있구나 싶어서. 6학년이 되어서 더 자주 더 많이 그 기쁨을 누리자. 고맙다. 호두야.

집안일을 하고 동생을 챙기느라 힘들어하던 김호두. 호두에게 가장 어울리는 낱말은 사랑이 아닐까 생각해. 가족에 대한 사랑, 자신에 대한 사랑, 친구에 대한 사랑. 모두에게 호두의 멋지고 훌륭한 사랑을 더 많이 베풀어 세상을 더욱 따듯하게 만들자. 고맙고, 고생했어. 호두야.

김호두에게 부탁한 일은 한 번도 빠짐없이 실천했다는 것을 선생님은 기억해. 호두는 책임감이 강한 사람이니까. 6학년이 되어서도 더욱 책임감 있고 따듯한 사람이 되어주기를 기원하마. 고맙고, 고생했어. 호두야.

아침 일찍 등교해서 우유를 나누어주는 김호두. 욕하고 괴롭히던 친구가 바뀔 정도로, 인내하고 배려하는 김호두 덕분에 우리 반이 많이 좋아졌구나. 그래서 고맙다. 호두야. 6학년이 되어서도 더욱 노력하는 호두가 되기를 기원하마.

어른을 대할 때 예의를 다하는 김호두의 모습을 보며 어머니께서 잘 지도해주시는구나 싶었다. 앞으로 자신의 삶에 더욱 예의를 다해서 노력하는 김호두가 되기를 기원하마. 1년 동안 정말 고생 많았다. 고맙다. 호두야.

친구들 앞에서 김호두가 스스로 무엇을, 왜 노력하고 있는지 이야기할 때 선생님은 감동이었단다. 더구나 지난 1년간 선생님이 하자는 대로 잘 따라와주고 수업도 열심히 잘 듣는 모습을 보며 호두와 가장 잘 어울리는 낱말이 끈기라고 생각했단다. 6학년이 되어서도 더욱 노력하는 호두가 되자. 고맙다. 호두야.

넓은 마음으로 친구들의 실수와 잘못을 감싸 안고 용서하는 김호두의 모습을 보며 호두에게 가장 잘 어울리는 낱말이 관용이라고 생각했단다. 6학년이 되어서도 더욱 넓고 깊은 마음으로 많은 친구의 귀감이 되어주기를 바란다. 고생 많았다. 호두야. 고맙다.

많은 친구가 호두가 참 많이 훌륭해졌다더구나. 다른 학년 선생님들도 호두 칭찬을 자주 하시는 것을 보니 호두의 영향력이 얼마나 큰지 알 수 있었단다. 6학년이 되면 친구들에게 더 따듯하고 친절하고 노력하는 호두가 되어주렴. 할 수 있지, 호두야? 잘 부탁해. 고맙다.

김호두 하면 가장 먼저 생각나는 낱말. 그것은 양보란다. 남을 생각할 줄 아는 넓은 마음과 행동이 너를 학생자치회장으로 친구들이 뽑아준 이유가 아닐까 생각한단다. 6학년이 되어서 더욱 넓은 마음으로 함께 노력하자. 고맙다. 호두야.

3장
학생과 함께하는 교사

저경력 교사 시절, 나는 아이들에게 과제를 많이 내주었다. 국어 숙제, 사회 숙제, 수학 숙제, 과학 숙제……, 수업을 마치고 집에서 해야 하는 과제를 내주었다. 그러나 정해진 기한 내에 과제를 제출하는 아이는 많지 않았다. 때로는 기한을 연기하고 연기해도, 제출하지 않는 아이들도 많았다. 준비물을 챙기고, 해야 할 숙제를 빠짐없이 해내는 일이 얼마나 어려운 것인지 그때는 잘 몰랐다.

하교 후 친구들과 놀거나 학원에 갔다가 귀가하면 저녁을 먹는다. 그 후 TV를 보거나 게임을 하거나 스마트폰을 보면 금세 밤이 되고 잠자리에 들어야 한다. 마음먹고 시간을 내지 않고서는 숙제하기 어렵다. 더구나 숙제는 교사가 내준 과제이고, 아이에 따라서는 혼자 해내기 버거운 과제도 많았다.

일기를 쓰게 하고, 가족 숙제를 내주고, 교과 과제를 부여하는 것은 좋은 학습 습관과 생활 습관을 지니게 하기 위해서였다. 하지만 나는 아이들 각자의 일상을 잘 몰랐고, 가정환경도 몰랐다. 아이가 주어진 과제를 해낼 만한 환경인지 아닌지를 전혀 몰랐다는 뜻이다. 그래서 방법을 바꿨다. 학교에서 수업 중에 학습 과제를 끝내게 했다. 대신 아이들이 자신의 환경 안에서 스스로 힘으로 할 수 있는 과제를 자율적으로 정하고, 도전하게 하고 싶었다. 교사인 내가 없어도 언제나 날마다 자신을 위해 노력하는 삶을 만드는 습관을 가지게 하고 싶었다. 사소하지만 중요한, 자신을 위한 꾸준한 노력 그 자체가 아이들의 삶을 행복하게 만든다고 생각하기 때문이다.

Change&Challenge 참여하기와 M.I.P 선정하기

모든 아이는 자신이 좋은 사람으로 비치기를 바란다. 자신을 함부로 대하는 친구에게 화를 내고, 자신의 잘못은 감춘다. 뛰어난 사람이기를 바라기에 잘한다고 칭찬받기를 원한다. 그래서 나도 아이들이 좋은 사람으로 비칠 기회를 주고 싶었다. 날마다 스스로 칭찬할 기회를 주고 싶었다. 아이들이 스스로를 위해 얼마나 노력하고 있는지 알아주고 싶었다.

사람의 말과 행동은 대부분 경로에 의존한다. 같은 장면에서 같은 행동을 반복하고, 같은 말을 한다. 말하고 나서 후회하고, 행동하고 나서 반성한다. 좋은 말과 좋은 행동은 해봐야 하고, 반복해야 한다. 그래서 어렵다. 같은 상황에서 더 나은 말과 더 성숙한 행동을 하기란. 해왔던 대로 말하고 행동하면서 자신의 잘못을 남에게 미루기 쉽다. 나는 좋은 사람이고 타인은 나쁜 사람이기 때문이다.

사람은 쉽게 변하지 않는다. 교사가 야단을 친다고 학생이 바뀌지 않는다. 아이 스스로 결심하고, 스스로 노력해야만 한다. 그러나 모든 아이가 자신의 성장을 위해 스스로 목표를 세우고 날마다 실천하기를 기대할 수는 없다. 모든 학생이 C&C(스스로 자기성장 목표를 세우고 실천 후 스티커를 붙이는 활동)에 참여하도록 하는 이유이기도 하다.

'내 성장에 도움이 되는 일은 무엇일까?' 아이들에게 생각해보도록 한다. 어떤 의견이든 칠판에 적어본다. 매일 수학 문제집 한 쪽씩 풀기, 하루 10분 책 읽기, 악기 연주 연습하기, 만보걷기 하기, 그림을 한 장씩 그리기, 다양한 의견이 쏟아진다. 단, 목표는 매일 달성 가능한 수준이어야 한다. 적은 노력에도 성공할 수 있는 과제일수록 성취 경험이 쌓여가기 때문이다.

자신이 세운 목표를 실천하면 스티커를 붙인다. 목표의 3배 이상 실천했으면 최대 3장까지 붙일 수 있게 했다. 제한을 두지 않으면 개인 간 편차가 상당히 커져서 가장 노력한 아이(M.I.P, Most Improvement Person) 선정에 어려움이 생기고, 중요한 건 날마다 노력을 지속하는 자체에 있기 때문이다. 가끔 실천 안 하고 스티커 붙이는 아이는 이렇게 지도했다.

성장할 기회 만들기

"

— 선생님.

— 응?

— C&C 그냥 없애면 안 돼요?

— 왜?

— 하지도 않고 했다고 스티커 붙이는 애들이 있어요.

— 너는?

— 저는 하는데요?

— 알아. 그래서 하는 거야.

— 네?

— 하지도 않고 붙이면 누구를 속이는 거야?

— 선생님이요

— 선생님보다 먼저 속여야 하는 사람이 있어. 누굴까?

— 자기 자신이요.

— 그래. 선생님과 자신을 속인 친구가 훌륭해질까? 자신이 세운 목표를 실천한 네가 훌륭해질까?

— 저요.

— 좋은 걸 없애는 건 아무런 노력도 하지 않는 친구의 하기 싫은 마음에

지는 거라고 선생님은 생각해. 너와 같은 다른 친구들이 좋은 방법으로 성장할 기회를 가로막는 일이기도 하고. 네 생각은 어때?

99

성장형 사고방식(사람이 더 나은 방향으로 변화할 수 있다는 믿음을 나타내는 심리학 용어)으로 유명한 미국 스탠퍼드대학교의 심리학자 캐롤 드웩에 따르면, 성장형 사고방식은 도전을 수용하고, 노력을 지속하며, 새로운 방법으로 주어진 과제에 부딪혀보도록 이끈다. 교사나 부모가 성장형 사고방식을 키워주기 위해 할 수 있는 일 중 하나가 모범을 보이는 일이다. 또한 교사 자신의 삶에서 스스로의 기대에 미치지 못했으나 중요한 교훈을 얻었을 때의 이야기를 나누는 것이다. 또 다른 하나는 능력이 아니라 노력을 칭찬하는 일이다. 아이가 어려운 일임에도 포기하지 않고 다른 방법으로 도전을 이어간다거나, 하루도 지각하지 않고 일찍 등교한다거나, 교사와의 약속을 지키기 위해 애쓴 모습 등을 모두가 보는 앞에서 알려준다.

마지막으로 아이와 함께 보다 높은 목표를 세워보는 일이다. 아이에게 의미 있는 과제를 생각하게 하고, 과제 실현을 위해 교사가 도와줄 것은 무엇인지 물어보는 것이다.

아이들은 날마다 자신의 성장을 위해 스스로 세운 목표를 실천하고, 실천한 결과를 스티커 판에 붙인다. 이에 더하여 날마다 쓰는 글그릇 키우기

제 20**-1호

상 장

M·I·P ○학년 ○반
가장 노력한 사람 성명 : ○○○

위 학생은 2022학년도 3월 동안 모든 부문에서 가장 노력한 학생이었기에 이 상장을 드립니다.

2022년 월 일
○학년 ○반 일동

실천 횟수, 이달의 시 암송 여부, 노력에 대한 칭찬 횟수 등을 매달 엑셀 파일에 기록해 1, 2, 3등을 뽑아 선물을 준다. 그중 1등에게는 학급에서 수여하는 상장을 준다. 선물은 책이나, 공책, 연필, 독서대 같은 것으로 준비해서 아이들이 고르게 한다. 이런 활동으로 아이들이 주어진 과제를 얼마나 성실하게 실천했는지 한눈에 살펴볼 수 있고, 서로 더욱더 노력을 경쟁하도록 이끌어주고 싶다. 그래서 M.I.P를 뽑는다. 우리 아이들이 성취수준보다 노력하는 과정에 주의를 기울이도록 하고 싶기 때문이다.

나의 성장을 위한 나의 목표 (8~9월)

(　　)

	8/23	24	25	26	27	28	29	30
1배								
2배								
3배								
	8/31	9/1	2	3	4	5	6	7
1배								
2배								
3배								
	8	9	10	11	12	13	14	15
1배								
2배								
3배								
	16	17	18	19	20	21	22	23
1배								
2배								
3배								
	24	25	26	27	28	29	30	
1배								
2배								
3배								

자기 목표의 1배는 1장, 2배는 2장, 3배는 3장의 스티커를 붙입니다.

글그릇 키우기

날마다 아이들과 부딪친다. 아이들끼리도 맞선다. 모두 서로의 생각 차이 때문이다. 돈 많은 백수가 되고 싶다며 인생은 한 방이라고 공부할 필요가 없다는 아이, 학교는 감옥이고 교사는 간수이며 학생은 죄수니까 우리는 학교를 벗어나야 한다고 말하는 아이, 자기 부모가 낸 세금으로 선생님 월급을 주는 거라며 선생님이 잘못하면 우리 부모님이 혼내러 올 거라고 말하는 아이, 지능은 정상인데도 자신의 아빠가 머리가 나쁘니 공부할 필요가 없다고 했다는 아이들을 만날 때마다 사방이 콘크리트 벽으로 꽉 막힌 방 안에 홀로 갇혀 있는 느낌이 들었다.

아이들 이야기에 반박해봐야 듣지 않았다. 어떻게 하면 아이들이 자기중심성에서 벗어나게 할 수 있을까? 좋은 글을 읽고 아이들이 스스로 생각해보도록 하는 것이 좋은 영향을 미치지 않을까? 굳이 사사건건 아이들이 내뱉는 말에 흥분하기보다 훌륭한 사람들의 아름다운 생각이 담긴 문장을 같이 읽고, 날마다 생각하고, 생각한 것을 글로 써보도록 하는 게 효과적일 것이라고 생각했다. 그래서 글그릇 키우기 효과를 뒷받침할 이론적 근거를 찾아보았다.

미국 예일대학교 신경과학자들에 따르면, 사람은 매일 3만 5,000번의 의사결정을 내린다고 한다. 하루 7시간 수면을 한다면 깨어 있는 동안 2초마다 한 번씩 결정을 내려야 하는 셈이다. 걸어갈까, 뛰어갈까? 친구랑 같이 갈까, 혼자 갈까? 운동화를 신고 갈까, 슬리퍼를 신고 갈까? 밥을 먹고 갈까, 그냥 갈까? 사소한 의사결정을 내릴 때마다 고민의 시간은 짧다. 습관처럼 어제 했던 대로 오늘을, 오늘 하던 대로 내일을 살아가기 마련이다. 지각하는 아이는 매일 지각하고, 장난치는 아이는 매일 장난친다. 아이들에겐 멈춰서 생각해볼 기회가 필요하다.

해마와 피질이 발달할수록 충동조절을 잘할 수 있다고 한다. 우선 문장을 읽는다. 문장에 담긴 의미에 관한 제 생각이나 느낌을 글로 쓴다. 이는 전전두피질을 기능하게 만든다. 좋은 문장에 담긴 의미를 자기 삶에 비춰서 생각해보게 한다. 해마와 피질의 발달과 관련된 메타인지와 연관 있는 활동이다.

미성숙한 아이들이 자주 하는 행위가 두 가지 있다. 하나가 바로 험담이다. 험담과 관련한 좋은 명언이 있어 아이들과 꼭 이야기를 나눈다.

> 험담은 세 사람을 죽인다. 험담을 한 자, 험담을 들은 자, 험담의 대상이 된 자.
>
> —미드라시(유대교 설법집)

아이들에게 이 문장의 뜻을 묻는다. 험담이란 말이 익숙하지 않은 아이도 있고, 한자를 아는 아이도 있다. 아이들은 자신의 말로 문장을 다시 표현한다.

뒷담화는 세 사람을 괴롭힌다. 뒷담화를 한 사람, 뒷담화를 들은 사람, 뒷담화의 대상이 된 사람.

서로에게 좋은 친구가 되어주려면 친구가 뒷담화를 할 때 어떻게 해야 하느냐고 아이들에게 묻는다. 아이들은 전부 답을 알고 있다. 말려야 해요. 그럼 다시 묻는다. 친구가 다른 친구 뒷담화를 할 때 말릴 거야? 아이들이 대답한다. 말릴 거예요. 비슷한 상황에 부닥쳤을 때 어떻게 해야 하는지 미리 고민하고 준비하도록 이끌어주기 위해서다.

다음으로 장난이다. 사람은 누구나 약 30~45센티미터의 사적인 경계를 갖고 있다고 한다. 물리적인 경계선 안에 타인이 들어오는 순간, 우리는 자신도 모르게 긴장하기 시작한다. 만원버스나 지하철을 타고 장시간 이동할 때 피곤한 이유이다. 낯선 타인이 물리적인 안전을 침해하는 범위 안에 오랫동안 머물러 있기 때문이다. 아이들이 하는 장난은 친하지 않은 타인이 자신의 사적인 경계를 함부로 침범하기 때문에 생기는 공포나 불안으로, 부적 정서를 일으킨다. 이때를 위해 같이 읽고 생각하는 문장이 있다.

타인의 불행 위에 자신의 행복을 구축하지 않는다.

—이케다 다이사쿠(불교철학자·평화운동가)

어렵다. 타인他人, 불행不幸, 자신自身, 행복幸福, 구축構築 같은 한자어가 많기 때문이다. 아이들에게 뜻을 물어보면 한두 명 정도는 아이들 말로 표현해 준다.

친구를 불편하게 만들고 혼자 재미있어하지 않도록, 장난을 치려고 할 때 이 문장을 말해보자고 한다. 좋은 문장이 행동의 방향을 결정하는 데 도움이 되도록 하고 싶기 때문이다.

1년에 180여 개의 문장을 아이들과 같이 읽고, 아이들은 자신의 생각을 3줄 이상 쓴다. 아이들이 쓴 글에 내 생각을 덧붙인다. 글그릇 키우기 활동을 통해 아이들 생각을 들여다보고, 내 생각을 전하는 필담을 나누는 것이다. 학생 개개인과 180여 개 문장을 매개로 생각을 나누는 과정은 교사 자신은 물론, 학생들에게 사람과 사회를 바라보는 다양한 관점을 경험하도록 도와준다.

글쓰기는 내적 독백 같은 기능을 키운다. 관련한 예로, 앞으로 치러야 할 시험에 관해 10분 동안 글쓰기 하는 활동이 시험 불안을 활력으로 재인식하게 도왔다는 한 연구가 있다. 심리학자 데이비드 예거David Yeager와 앤절라 더크워스 등(2014)은 학습의 목적이 무엇인지 가르치려 하면 자율성을 위협한다고 경고했다. 아이들 스스로 자신이 하는 공부를 더 큰 목적에 연결지을수록 성적이 향상됐으며, 지루하지만 중요한 학업에 자발적으로 2배 가까운 시간을 할애할 정도로 노력했다고 한다. 학자들에 따르면, 자신에게서 벗어나 관점을 확장할 수 있는 다양한 자기객관화 전략을 가르치는 것이 자기조절 능력 향상에 도움이 된다. 따라서 날마다 조금씩 글그릇 키우기를 통해 짧은 글쓰기를 하고, 작가노트를 통해 긴 글쓰기를 이어간다.

1년에 아이들과 함께 읽고 생각할 문장 180여 개를 찾았다. 제각각 담고 있는 뜻을 생각하고, 마음에 새기기에 좋은 문장이라서 선택했다. 글그릇 키우기를 위한 180여 개의 문장은 이 책 뒤편의 부록에 넣어두었다.

작가노트 글쓰기

꽤 오래 아이들 글쓰기 지도를 했지만, 여전히 넘지 못하는 벽이 하나 있다. "글쓰기는 재미없다"라고 말하는 아이들이 많다는 것이다. 듣고, 말하고, 읽고 쓰는 것을 배우는 것이 국어다. 하지만 남의 이야기에 귀 기울이는 것을 힘들어하고, 제 생각을 조리 있게 말하지 못하며, 글을 읽고 글쓴이의 생각을 알아차리지 못하고, 자신의 생각이나 느낌을 글로 쓰는 것을 힘들어하고 재미없어한다면 도대체 국어를 배워야 할 이유가 무엇일까? 특히나 이 중에서도 아이들은 글쓰기를 가장 싫어했는데, 그 이유가 어쩌면 내 지도 방식에 문제가 있기 때문인 건 아닐까 고민했다. 때마침 좋은 책 하나를 읽게 되었다. 『하버드 글쓰기 강의』(바바라 베이그, 에쎄)라는 책이었다.

이 책을 읽고 글쓰기 지도에 관해 다시 생각해보았다. 이 책을 읽기 전에 내가 했던 어리석은 짓은 크게 세 가지였다. 첫째, 글씨체, 띄어쓰기, 맞춤법 지적이 글쓰기 지도인 줄 알았다. 아이가 하고 싶은 말을 다 했는지보다 교사인 내가 읽기 편하게 썼느냐가 우선이었던 셈이다. 둘째, 분량에 대한 제한이다. 항상 몇 줄 이상이란 조건을 달다보니 자기 생각을 표현하는 데 집중하기보다는 정해진 분량을 채우는 데 주의를 기울였다. 셋째, 글의 내용과 형식을 내게 맞추었다. 이렇게 쓰면 돼요? 이만큼 쓰면 돼요?라고 물을 때, 한 번도 네 생각이나 마음을 다 표현한 거야?라고 묻지 않았다.

아이들 인생의 주인공은 아이들이다. 자신의 생각이나 느낌을 있는 그대로 표현하는 글을 써보라고 '○○○의 작가노트'라는 이름을 붙인다. 함께 생각해볼 만한 일상의 사소한 주제를 갖고 자유롭게 쓰게 한다. 조건은 하나. 정해진 시간 동안 연필을 멈추지 말고 떠오르는 생각을 즉시 글로 쓰는 것뿐이다. 글을 쓰고 나서 바로 검사를 하지 않는다. 내 글을 누군가가 읽는다고 느끼면 자신의 생각을 자유롭게 쓰는 데 위축될 수 있다. 또 즉각적인 피드백으로 얻는 효과보다 글을 쓰는 재미를 얻는 게 더 중요하다고 생각하기 때문이다.

글쓰기에는 힘이 있다. 길리 볼턴과 그의 동료들(Bolton, Howlett, Lago, & Wright, 2004)에 따르면, 글을 쓰는 행위 자체에 치료 효과가 있다고 했다. 그래서 교사가 보기에 무엇이 부족한지 걱정하게 만들기보다, 아이가 하고 싶은 이야기를 다 썼는지, 누구나 이해할 수 있게 표현했는지 스스로 생각해보도록 한다. 자신의 생각을 글로 쓰는 재미를 느껴야 계속 글을 쓸 것이고, 자기 삶을 끊임없이 글로 썼을 때 스스로 돌아보고 치유하는 힘을 얻을 테니까.

이 연구에 나온 글쓰기의 효과는 여기에 그치지 않는다. 앞으로 치러야 할 시험에 관해 10분간 글쓰기를 함으로써 시험 불안을 '자신에게 이롭고 활력을 주는 힘'으로 재인식하게 되었다거나, 중학교 진학을 걱정하는 6학년 학생들에게 '자기의심과 불안'을 극복한 중학생 선배들의 글을 읽게 한 뒤, '중학교 생활에 적응하는 것에 관한 한두 가지 걱정'을 써보도록 하자, 아이들은 글을 쓰면서 스스로 답을 찾았고 이후에는 더 나은 성적, 출석, 행동을 보여주었다고 한다. 아이들에게 닥쳐온 시련에 관해 스스로 생각하고 글로 써보는 행위만으로도 더 나은 변화를 이끌었다는 것이다.

우리가 살면서 마주하는 주제는 참으로 많다. 사랑, 우정, 용서, 감사, 친구, 행복, 공부, 학교, 이별, 졸업, 가족, 시험 같은 단어를 듣고 떠오르는 생각을 쓰거나, 사회 이슈나 뉴스에 관한 생각을 써봐도 좋다. 혹은 책을 읽고 좋은 문장을 필사하도록 이끌어줘도 좋다. 또는 교과 주제와 관련지어 글쓰기를 하면 사회 이슈에 관한 생각을 정리하고 나눌 기회로 삼을 수도 있다. 타인의 글을 읽고 자기 말로 표현하는 것은 아이들 각자의 메타인지를 높이는 일이기도 하고, 이처럼 작가노트 글쓰기를 통해 아이들 내면의 지평을 넓히고 삶에 깊이를 더해갈 수 있다.

4장
가족과 함께하는 학생

'나는 엄마가 없다.'

일기장에 쓴 아이의 글을 읽고, 나는 정말 아이의 어머니가 없는 줄 알았다. 그런데 며칠 뒤 아이가 가져온 학생기초조사서에는 어머니 이름이 있었다. 그날 아이의 일기장에는 자신의 엄마가 친엄마가 아니라고 쓰여 있었다. 아이와 면담하며 아이 어머니의 이야기는 한마디도 듣지 못했다.

학부모 상담 주간에 아이 어머니와 면담했다. 아이가 말을 듣지 않는 걸 보니 사춘기인 것 같다고 했다. 아이가 친구들과도 잘 어울리는지 걱정했다. 대부분의 학부모처럼 아이의 공부와 친구관계에 관심이 많았다. 왜 보호자는 아이의 학습과 사회성에 관심이 많을까? 학습은 인지, 사회성은 정서와 관계있기 때문일까? 아니다. 아이가 제대로 자라고 있는지 궁금하니까? 아니다. 아이가 건강하고 행복하길 바라기 때문이다.

아이가 그렇게 자라고 있는지 불안하다. 알고 싶어 물어보지만 아이는 대답하지 않는다. 둘 사이가 멀어진 것은 사춘기에 접어든 발달 때문일까? 아니면 서로의 마음을 알지 못해서일까? 발달 때문이라면 그 어떤 노력도 소용없을 것이고, 오해 때문이라면 마음을 전하면 관계 변화가 가능하지 않을까? 보호자와 아이의 관계가 안정적일수록 아이의 정서도 안정된다. 정서가 안정된 만큼 학습에 전념할 가능성도 커진다. 어떻게 해야 둘 사이의 심리적 거리를 좁힐 수 있을까? 가족과 학생 관계에 관한 내 고민은 여기서 출발했다.

부모님 편지 쓰기 프로젝트

첫 번째는 부모님 편지 쓰기 프로젝트다. 어버이날이건 스승의 날이건 편지를 쓰는 건 언제나 아이들이다. 어른들은 대부분 편지를 받기만 할 뿐, 답장을 하지 않는다. 그래서 아이들에게 물어보았다.

“

— 어버이날 부모님께 편지 쓸 사람?

— 저요!

— 저요!

— 저요!

— 작년에 부모님께 편지 쓰고 답장받아본 사람?

— 답장이요?

— 편지를 받았으니 답장을 써주셨을 텐데?

— 답장 써주는 거예요?

— 그럼. 편지를 받았으면 답장을 써주는 게 당연하지.

— 못 받았어요.

— 아마 부모님이 바쁘셔서 그런가보다. 선생님이 답장 써달라고 부탁해볼까?

— 네!

— 답장받고 싶어?

— 네! 받고 싶어요.

— 그래. 선생님이 편지 써달라고 부탁해볼게.

”

언젠가 아이들과 나눈 이 대화 덕분에 다음과 같은 학부모 편지를 보내게 되었다.

학부모에게 보내는 편지: 아이에게 편지를 써주세요

5월은 가족의 달입니다.

사랑하는 가족이 서로에게 고마움을 전하는 때죠. 많은 아이가 5월 8일이 되면 부모님께 감사의 편지를 씁니다. 아이들은 항상 부모님의 고마움에 대해 생각합니다. 가정에서 학교에서, 효도해야 한다고 배우거든요.

처음 아이를 가졌을 때의 기쁨이나 아이가 처음 걷고, 말하고, 친구를 만나고, 학교에 다닐 때 부모님이 얼마나 기뻐하셨는지, 또 얼마나 많은 걱정과 고민을 하며 아이의 옆을 지켜주셨는지 학교에서는 늘 이야기합니다.

매일 아침 일어나 밥을 먹고, 씻고, 학교에 가는 아이. 혹은 자신이 하고 싶은 일을 찾아서 노력하는 아이. 얼굴을 마주 보고 웃어주는 아이. 먼저 인사해주는 아이. 이 아이들이 더 건강하고 훌륭하게 자라길 바라는 것이 부모나 교사의 마음이 아닐까 합니다.

심리학자 소냐 루보머스키(2008)의 연구에 따르면, 한 사람이 8주 동안 한 주에 15분씩 감사편지를 쓰는 것은 행복을 증진시키며, 연구가 종료된 이후 9개월간 효과가 지속된다고 합니다. 긍정심리학자 마틴 셀리그만 등(2005)의 연구에 따르면, 감사편지를 직접 전달하는 것도 행복감을 증진시킵니다. 정리하면, 감사편지를 쓰는 사람의 행복이 증진된다는 연구입니다.

또 다른 연구에서는 감사함의 인식이 고마움을 낳고, 고마움이 행복한 신체를 만든다고 합니다. 누군가가 나의 노력을 알아주는 것을 알게 되었을 때, 고마움을 느끼고, 그 고마움이 행복한 신체를 만든다는 것이죠.

즉, 부모님께서 아이의 노력을 알아주셨을 때 아이는 고마움을 느끼고, 그 고마운 마음이 아이의 신체에 긍정적인 영향을 준다는 것입니다. 5월 8일 어버이날을 맞이하여 부모님과 아이의 행복을 위해 아이에게 감사편지를 전해보시는 것은 어떨까요?

20**년 5월 *일

교사 천경호 올림

생일 프로젝트 진행하기

두 번째는 생일 프로젝트다. 많은 동료 교사가 과자와 음료를 준비하고 아이의 생일을 축하하지만, 정작 아이를 낳고 기른 보호자의 노고에 대해서 깊이 생각할 기회를 만들지는 않는다. 더구나 우리 반 급훈은 '지은을 최고로, 보은을 제일로'로 시작하지 않는가. 고마움을 알고 그 고마움에 보답하게 하는 것이 사람을 사람답게 길러내는 일이라 생각한다.

부모님 자랑하기

생일 프로젝트의 첫 번째 단계는 부모님 자랑하기다. 돈이 많다거나, 집이 넓다거나, 직업이 대단하다는 이야기가 아니라, 가족과 함께한 시간에 대한 아이들의 마음을 알고 싶었다. 아이가 커갈수록 보호자의 잔소리가 늘어가고, 늘어난 잔소리만큼 마음과 마음의 거리도 멀어진다. 그래서 아이들 삶에 우산이 되어주는 보호자의 고마움을 생각해보고, 좋은 점을 떠올려보는 것만으로도 아이들과 보호자 간에 심리적 거리가 좁혀질 것이라고 생각했다. 또한 혼자서는 미처 생각지 못한 점에 대해서 다른 친구의 이야기를 듣고 깨닫게 될 수도 있다.

1. 부모님이 고마웠던 일 쓰기(시간, 장소, 사건을 자세히 써주세요.)

2. 부모님께 미안했던 일 쓰기(시간, 장소, 사건을 자세히 써주세요.)

3. 부모님과 함께해서 좋았던 일 쓰기(시간, 장소, 사건을 자세히 써주세요.)

※주의 사항

1. 돈을 써서 나에게 무언가를 해주신 일은 제외합니다. (무엇을 사주신 일 등)

2. 실제로 있었던 일에 관해서만 자세하게 씁니다. (언제, 어디서, 무엇을, 누가, 어떻게, 왜)

이렇게 아이들이 부모님에게 고마웠던 일, 미안했던 일, 돈으로 살 수 없는 좋은 추억들을 떠올리게 하고 글로 써보게 한다. 보호자와의 좋은 추억을 떠올리고 이를 기록함으로써 좋은 사건을 음미할 수 있고, 훗날 보호자와의 좋은 추억을 떠올리게 만드는 하나의 흔적을 남겨두는 것이 이별 후 애도에도 도움이 되기 때문이다.

부모님 노고 기억하기

생일 프로젝트의 두 번째 단계는 '부모님 노고 기억하기'다.

아이가 처음 태어났을 때와 달리, 아이가 커갈수록 새로운 기대가 더해진다. 처음에는 잠만 잘 잤으면, 걸어 다녔으면, 말을 했으면, 하고 바란다. 이렇게 아이가 자랄수록 더 높은 수준의 삶을 요구하지만, 정작 어른은 아이에게 기대하는 만큼의 건강한 삶을 살지 못할 때가 많다.

아이들에게 일찍 자라고 하지만 어른들은 늦게 잔다. 술과 담배를 멀리하라고 하면서 자신은 가까이한다. 게임은 멀리하고 책은 가까이하라면서 정작 자신은 책을 멀리하고 게임은 가까이하며 산다. 아이들이 보기에 어른들은 자신이 하지 못하는 일을 아이들에게만 강요하는, 부당하고 불합리한 존재일 가능성이 훨씬 큰 것이다.

일찍 자고 일찍 일어나는 일, 삼시 세끼 잘 챙겨서 골고루 먹는 일, 아침저녁 양치하는 일, 규칙적으로 운동하는 일, TV와 컴퓨터보다 책과 이야기를 가까이하는 일, 친구와 가족을 소중히 여기며 상대가 싫어하는 일을 하지 않는 일, 남의 험담을 하지 않고 남의 장점을 들여다보고 노력을 칭찬하는 일이 얼마나 어려운 일인가. 그런데도 부모는 더 많이 기대한다. 그때 옆과 같은 아이의 질문을 통해 부모도 양육의 초심으로 돌아가보게 하고 싶었다. 덧붙이자면, 보호자가 부모가 아닌 경우에는 이 학습지를 주지 않았다.

부모님 자랑하기나 부모님 노고 기억하기처럼 아이들은 보호자를, 보호자는 아이를 떠올리며 흔적을 남기게 해주려는 계기가 하나 있었다. 어느 이른 아침 우리 반 아이의 어머니에게서 전화가 왔다. 아이 아버지의 부고를 알리는 전화였다. 아이가 받을 충격을 생각해서 아이를 친척집에 보내겠다고 했다. 졸업할 때까지는 아이가 모르게 하고 싶다는 어머니의 이야기를 듣고 제일 먼저 떠올린 건 흔적이었다. 아이가 돌아가신 아버지를 떠올릴 수 있는 흔적. 언젠가 아이가 아버지 생각을 할 때 즐거웠던 순간을, 감사했던 추억을 상기하는 것만으로도 조금은 행복할 수 있지 않을까 싶었다. 아이들 모두 언젠가 상실을 경험할 테고, 그 순간에 조금이나마 도움이 되기를 바라는 마음이다. 실제 애도 관련 연구에서도 좋은 기억을 떠올리는 것이 도움이 된다고 말한다.

1. 부모님이 저를 가졌을 때 있었던 음식과 관련된 에피소드를 알려주세요.

2. 부모님이 저를 가졌을 때 한 여행이나 이동(버스나 전철, 기차 탈 때 어떻게 조심하셨는지 등)과 관련된 에피소드를 알려주세요.

3. 부모님이 저를 가졌을 때 힘들었던 일이 있으면 알려주세요.

4. 제가 태어났을 때, 처음 "아빠" 또는 "엄마"라고 말했을 때, 처음 걸음마를 시작했을 때가 언제였는지, 어떤 느낌이었는지 알려주세요.

생일 맞은 친구의 좋은 점 쓰기

마지막으로 생일을 맞은 친구의 좋은 점에 관해 쓰기를 한다. 많은 아이가 스스로에 대해 부정적 자기상self-image을 갖고 있다. 교사의 지적은 언제나 모두가 보는 앞에서 이뤄질 때가 많고, 지적은 능력과 결과에 치우치기 쉽기 때문이다. 하지만 교사가 보는 모습이 아이의 전체를 나타내지는 않는다. 아이가 상호작용하는 시간의 양과 질은 교사보다 학생 사이의 상호작용이 훨씬 다양하고 풍부하다. 따라서 서로가 서로에게 좋은 친구가 되어주는 것이 더욱 중요하다. 어떻게 하면 서로 깊은 우정을 만들 수 있을까? 서로의 장점, 서로의 노력, 서로의 고마움을 알아줄 때 우정은 깊어지지 않을까? 그래서 대인 매력에서 호감을 결정하는 요인으로 상호성(상대가 나를 긍정적으로 평가한다고 여길 때 나도 상대에게 호감을 느끼고 좋게 평가한다는 원리)을 중요하게 여기는지도 모른다.

더구나 모든 가정에서 자녀를 학교에 보낼 때 공통으로 걱정하는 것이 있다. 바로 학교폭력이다. '학교'라는 글자를 포털 검색창에 치면 연관검색어 1, 2위에 언제나 '학교폭력'이란 단어가 나타난다. 사람들 머릿속에는 학교를 떠올리면 '우정'이 아닌 '폭력'이 주로 자리 잡고 있다는 뜻이다. 정말 학교에 있는 모든 아이가 서로에게 우정이 아닌 폭력을 행사하고 있을까?

미성숙한 아이들이 학교폭력의 가해자 혹은 피해자가 되지 않는 최선의 방법은 오직 하나, '타인을 향한 무관심'뿐이다. 관계를 맺지 않으면 아무 일도 벌어지지 않는다. 쳐다보지 않고, 함께하지 않아야 방관자가 될 위험에서도 벗어날 수 있다. 덕분에 모든 보호자의 불안도 점점 높아져만 간다. 높아진 불안만큼 학교를 의심한다. 내 아이의 장래에 영향을 미칠 학교폭력 가해행위 결과의 생활기록부 기록에는 반대하고, 내 아이를 불안에 떨게 하는 가해 학생의 징계에는 찬성한다.

이런 현실 속에서 반 아이 모두가 내 아이에게 관심을 가지고, 가족도 모르는 좋은 점을 찾아내고 기억해준다는 것을 보호자도 알게 된다면 그 불안이 줄어들 것이라고 생각했다. 모르기 때문에 생기는 불안과 학교폭력과 관련한 자극적인 기사만 접하기 쉬운 보호자에게 학교에 우리 아이의 좋은 점을 알아주는 친구들이 많이 있다는 걸 보여주는, 작지만 분명한 근거가 될 것이기 때문이다.

> *월 *일은 ○○○의 생일입니다.
> (　　)이/가 ○○○이 좋은 이유 세 가지를 적어주세요.
> ○○○의 부모님께 드릴 거예요.
>
> 1 ______
>
> 2 ______
>
> 3 ______

험담은 쉽지만, 칭찬은 어렵다. 아이들에게 칭찬하라고 하면 키가 크다, 눈이 크다, 성격이 좋다, 공부를 잘한다 등으로 주로 외모나 성적 혹은 성격에 대해 모호한 표현을 쓴다. 이때 칭찬의 원칙을 다시 공유한다.

"노력과 과정에 대해 공개적으로."

지능이 좋다고 칭찬하면, 어렵고 힘든 문제를 풀다가 틀릴 때 교사나 친구가 자신의 지능이 나쁘다고 여길까 걱정해서 어렵고 힘든 문제를 피하게 된다고 한다. 오히려 친구가 노력하거나 남을 위해 애쓰는 과정을 알아주는 방식이 서로 더 좋은 친구가 되는 길이라고 생각한다.

열심히 했다고 말해주렴

"

— ○○이 머리 진짜 좋아요.

— 그런 말 하면 안 돼.

— 왜요? 왜 안 돼요?

— ○○이가 푼 문제를 너는 풀고 싶어?

— 아뇨.

— 왜 안 풀고 싶어?

— 어렵잖아요.

— 풀어봤어?

— 저 수학 못해요.

— 안 해봤는데 어떻게 알아?

— 저는 공부 머리가 없대요.

— 누가 그래?

— 아빠가요.

— 네가 ○○이한테 했던 말이랑 네 아빠가 하신 말씀이랑 같은 말이네.

— 네? 왜요?

— 둘 다 뭐에 관한 이야기야?

— 공부 머리요.

— ○○이가 푼 문제를 네가 포기한 이유가 뭐야?

— 수학을 못하니까요.

— 아니. 그전에 너한테 뭐가 없다고 했어?

— 공부 머리요.

— 머리가 나쁘다고 해보지도 않고 포기한 거 맞지?

— 그렇죠.

— 네가 ○○이한테 머리 좋다고 말하면 ○○이도 알겠지? 네가 ○○이 머리 좋다고 생각하는 거.

— 그렇겠죠.

— 근데 만약 ○○이가 네 앞에서 틀릴 것 같은 문제를 보면 풀고 싶을까, 안 풀고 싶을까?

— 아…… 안 풀고 싶을 거 같아요.

— 그럼 머리가 좋다고 말하는 게 ○○이를 위하는 거야, 어려운 문제도

끝까지 풀려고 노력해서 대단하다고 말하는 게 ○○이를 위하는 거야?

”

친구가 노력하는 과정을 알아주고 칭찬하려면 친구의 삶에 관심을 가져야 한다. 좋은 점에 주목해야 한다. 반 친구들 한 명 한 명의 삶에 관심을 가져야 하고, 그들의 좋은 점에 시선을 두어야 한다. 서로가 서로의 노력에 관심을 가지고 좋은 점에 주목하는 교실이라는 안전망이 존재한다는 것을 아이들 부모님이 눈으로 확인할 수 있도록 보여주고 싶었다.

우리는 잘 모르는 것에 대해 부정적으로 생각하는 경향이 있다. 나쁜 결과를 기대한 후 나쁜 결과가 닥쳤을 때의 충격이 좋은 결과를 기대한 후 나쁜 결과가 닥쳤을 때보다 덜하기 때문이다. 반 친구들이 내 아이의 삶에 관심을 가지고 좋은 점에 주목해주고 있음을 알게 되었을 때, 보호자가 생각하는 학교 생활에 대한 불안은 줄어들 수 있다.

또한 지금껏 아이를 키우며 고생한 보호자의 노고에 작은 보답을 하고 싶기도 했다. 아이를 임신해 고생 끝에 낳은 노고. 어리고 미성숙한 아이 곁에 붙어서 끼니를 챙기고 잠을 재우고 병치레를 감당하며 아이와 함께 울고 웃으며 보낸 그 길고 긴 시간. 그들의 깊은 노고 덕분에 아이가 건강하게 열심히 학교 생활을 하고 있다는 것을 친구들의 이야기를 통해 알려드리는 게 좋을 것 같았기 때문이다.

가족 숙제 내주기

가정의 화목은 가계소득과 큰 상관이 없다. 하지만 화목한 가정은 함께 하는 시간이 즐거운 반면, 가정불화가 많은 가정은 같이 있는 순간이 괴롭다. 어떻게 하면 어느 가정에나 똑같이 주어진 시간을 더욱 즐겁게 보내게 할 수 있을까 고민했다. 가정의 화목이 아이의 심리적 안정과 관련이 있고, 아이의 마음이 편안해야 학교 생활에 적극적으로 참여하고, 수업 시간에 주의집중도 잘할 수 있기 때문이다.

그래서 날마다 가족 숙제를 내주려고 노력한다. 해가 갈수록 출산율이 낮아지고 있다. 아이를 키우는 집이 줄어들고 있다는 뜻이다. 아이를 키우며 겪는 어려움을 이해하는 이웃이 없는 지역이 늘고 있으며, 양육 과정의 스트레스를 들어주고 이해해주고 조언해줄 가까운 타인이 없다는 뜻이다. 양육이 주는 높은 스트레스가 풀리지 않으면 결국 가족 내 약자인 아이들이 학대나 방임에 놓일 가능성이 크다는 뜻이기도 하다.

아이들 역시 스트레스 역치 수준이 낮아지고 있다. 동네에서 놀 만한 공간이 없다. 골목마다 차가 오가기 때문에 안전한 생활 수업에서조차 골목에서는 벽에 가까이 붙어서 통행하라고 가르친다. 이웃은 소란스러운 아이들에게 야단치기 일쑤고, 학교에서는 집으로 돌아가라는 방송을 듣기 십상이다. 어른들마저 직장 내에서 서로 얼마나 괴롭혀대는지 직장내괴롭힘 방지법이 만들어질 정도다. 부모가 직장에서 높은 스트레스를 경험한 채 집으로 돌아오면 아이는 저절로 긴장하기 마련이다.

높은 수준의 코르티솔 수치는 결국 아이들의 편도체를 과잉활성화하고, 교실에서 도전 또는 회피fight or flight 반응을 보이기 쉽다. 다음 에피소드는 바로 이런 양상을 소개한 글이다.

안 보고 싶다고요

"

— (수업이 끝날 즈음) 마지막으로 영상 하나만 보고 끝낼 거야.

— 아, 안 보고 싶다.

— …….

— 방금 누가 뭐라고 한 것 같은데. 누구야?

— 저예요.

— 그래? 방금 뭐라고 한 거야?

— 안 보고 싶다고요.

— 잘 안 들리는데 더 크게 말해볼래?

— 안. 보. 고. 싶. 다. 고. 요.

— 그래, 알았어. 다른 친구들 생각은 어때?

— 저희는 보고 싶어요.

— 다른 친구는 보고 싶다는 데 어떻게 할까?

— ……그럼 봐요.

— 그래.

○○아. 끝나고 선생님이랑 이야기 좀 할 수 있어?

— 네.

— 선생님이 무슨 이야기를 할 것 같아?

— 저 혼내시려는 것 같은데요?

— 왜 내가 너를 혼낼 것 같아?

— 제가 안 보고 싶다고 해서요.

— 너만 안 보고 싶었을까?

— 아뇨.

— 그래, 다른 친구들도 안 보고 싶었을 거야. 수업 시간이 다 되었으니까. 그럼 선생님은 어땠을까?

— 네?

— 선생님은 수업을 더 하는 게 편할까? 끝내는 게 편할까?

— 끝내는 거요.

— 그럼 왜 선생님은 너희가 싫어하는 걸 알면서도 영상 하나만 더 보자고 했을까?

— 이해하는 데 도움이 되라고요.

— 다른 친구들은 어떻게 하자고 했어?

— 보자고 했어요.

— 보고 나니 어땠어? 이해하는 데 도움이 되었어?

— 네.

— 수업이 많이 늦게 끝났어?

— 아뇨. 금방 끝났어요.

— 선생님한테 어떤 마음이 들어?

— 미안한 마음이요.

— 그래, 선생님은 너에게 고마워.

— 왜요?

— 다른 친구들 같으면 자신이 안 보고 싶다고 말했다고 했을까?

— ……아뇨.

— 너는 솔직하게 네가 한 말이라고 했잖아. 그건 용기 있는 행동이라고 생각해. 하지만 친구들은 모를 거야.

— 뭘요?

— 네가 얼마나 대단한 아이인지를.

— 뭐가 대단해요?

— 네가 찍은 달 영상이랑 선생님이 소개한 노래, 그거 편집해서 가족 숙제 소감으로 올려주었잖아.

— 네.

— 그거 다른 선생님들께 자랑했거든. 이런 사진도 찍고 영상도 편집하고 멋진 소감도 남겨준 학생이 있다고.

— 근데 애들이 뭘 몰라요?

— 이렇게 열심히 과제를 해내는 사람인데, 네가 자꾸 네 진짜 마음과 반대로 말하잖아. 기억나?

— 아…….

— 나는 양심이 없는 사람이라거나, 나는 미쳤다거나……. 남들이 너를 함부로 여기지 않게 신중하게 말하면 모두 네 진짜 모습을 알게 될 것 같은데 네 생각은 어때? 할 수 있어?

”

학급소통앱(Class123 혹은 다했니 앱 등)을 통해 매일 알림장을, 알림장에는 가족 숙제(효도 숙제, 뒤의 부록 참조)를 꾸준히 내보낸다. 아이들이 가족 숙제에서 제안하는 가사노동을 경험하게 해서, 양육의 노고에 감사하도록 이끈다. 가족 간 소통의 기회를 마련하고, 가족 구성원 간 서로의 좋은 점에 관심을 가지게 함으로써 관계 개선에 도움을 준다. 학교에서 배운 것을 가족에게 소개함으로써 학교 교육에 대한 관심과 신뢰를 높인다.

사소하지만 작은 실천이 아이들 가정마다 작은 변화를 끌어내기를 바라는 마음으로 과제를 내준다. 아이들은 과제를 실천하고 그 소감을 학급소통앱에 올려놓는다. 가족 숙제와 실천 후 소감을 학생과 학부모 모두가 볼 수 있다. 이를 통해 아이들의 리질리언스 요소 중에서 가족 지지 요인을 높여가려는 활동이다.

3월 가족 숙제 모음

1. 자기 전 신발 정리하기
2. 이달의 시를 가족 앞에서 암송 후 알려드리기(「사랑하라, 한 번도 상처받지 않은 것처럼」)
3. 하루 동안 좋았던 일에 관해 눈 맞추며 이야기 나누기
4. 가족 모두의 신발 먼지 닦기
5. 가족들 손 마사지해드리기
6. 전등 스위치 얼룩 닦기
7. 한 주 동안 좋았던 일, 신났던 일, 가족과 이야기 나누기
8. 우산 펴서 말리기
9. 화장실 바닥 머리카락 치우기
10. 잘된 일 세 가지와 잘된 이유를 가족과 나누기
11. 가족 머리 마사지해드리기
12. 1주일 동안 자신의 C&C 실천 소감 전달하기
13. 냉장고 문과 손잡이 얼룩 닦기
14. 신발이 놓인 현관 바닥 쓸기
15. 화장실 거울 닦기
16. 아침에 함께 읽는 「스파크」 이야기를 가족에게 소개하기
17. 가족에게 고마운 친구 소개하기
18. 내 이름의 뜻 설명 듣기
19. 가족에게 좋아하는 노래 혹은 유튜브 영상 소개하기
20. 가족 포옹하기

4월 가족 숙제 모음

1. 가족에게 고마웠던 일 말씀드리기
2. 가족이 좋아하는 노래 한 곡 듣기
3. 길가에 핀 꽃 가족과 함께 감상하기
4. 밤하늘을 보며 드뷔시의 <달빛>을 가족과 함께 감상하기
5. 신발장 정리하기

6. 가족들의 좋은 친구에 관해 이야기 듣기
7. 기억에 남는 글그릇 키우기 문장 소개해드리기
8. 가족이 좋아하는 책 소개받기
9. 저녁 먹고 설거지하기
10. 부엌 싱크대 속 음식물 쓰레기통 비우기
11. 가족과 함께 산책하기
12. 가족과 함께 따듯한 물로 수건 적셔서 꽉 짠 후 눈 마사지하기
13. 가족과 함께 원주율로 된 <파이송>(<이상한 나라의 수학자> OST) 노래 감상하기
14. 4월의 시(「나를 키우는 말」, 이해인 시인) 가족에게 외워서 들려드리기
15. 가족 모두의 어깨 주물러드리기
16. 가족 발 씻겨드리기
17. 책가방 정리하기
18. 화장실 바닥 머리카락 치우기
19. 창문에 붙은 방충망 먼지 물티슈로 살살 닦기
20. 가족 종아리 주물러드리기
21. 현관에 놓인 신발 들고 바닥 쓸기

5월 가족 숙제 모음

1. 따듯한 물로 가족 족욕 시켜 드리기
2. 필통 정리하기(연필 깎아두기, 샤프심 점검하기, 지우개 챙기기 등)
3. 가족과 함께 가장 멋진 포즈로 사진 찍기
4. 가족과 '최선을 다해본 경험' 나누기
5. 가족과 함께 등을 펴고 누워서 다리를 편안하게 쭉 뻗고 팔을 몸 옆으로 내리고 손을 쫙 펴고 발을 옆으로 내려놓고 3분 이상 눈 감고 심호흡하기
6. 가족과 함께 서로가 가장 소중히 여기는 것에 관해 이야기 나누기
7. 가족 모두에게 중요한 것 열 가지를 함께 이야기 나누고 적어보기
8. 가족과 함께 어릴 때 사진 보며 이야기 나누기
9. 문 손잡이 얼룩 닦기
10. 가족 스마트폰 닦아드리기
11. 가족과 서로의 고민 나누기

12. 가족에게 좋은 유튜브 채널 소개하기
13. 화장실 바닥 배수구 뚜껑 닦기
14. 냉장고 문 닦기
15. 책상 서랍 혹은 가구 서랍 물건 정리하기
16. 의자 다리 밑 먼지 닦기
17. 변기 솔로 변기 속 닦기

6월 가족 숙제 모음

1. 의자 다리 밑 먼지 닦기
2. 변기 솔로 변기 속 닦기
3. 화장실 벽 물때를 수세미나 솔로 닦기
4. 가족 중 한 명과 30초 이상 포옹하기
5. 가족 이름으로 삼행시 짓기
6. 가족과 함께 6월의 시(「다시」, 박노해 시인) 외우기
7. 신발장 속 먼지 닦기
8. 변기 뚜껑 닦기
9. 「5번 레인」 책 이야기 들려드리기
10. 가족과 함께 세 가지 허브 식물 향 맡아보기
11. 집 주변 쓰레기 치우기
12. TV 전원을 끈 후 TV 위 먼지 닦기
13. 집에 있는 창문 하나 닦기
14. 가족 신발의 물기 닦기(비 온 날)
15. 가족에게 자신이 지은 허브 식물 이름의 뜻 설명해드리기
16. 가족과 함께 눈 감고 1분 시간 맞추기 해보기(마음속으로 60초 센 후 눈 뜨기)
17. 소리 길게 내보기 내기하기(시간 재면서)

7~9월 가족 숙제 모음

1. 가족 발바닥 마사지해드리기
2. 우산 다시 펴서 말린 후 정리하기

3. 가족 중 한 명 손 씻겨드린 후 로션 발라드리기
4. 가족과 함께 오늘 배운 증감박수 연습하기
5. 내가 가장 좋아하는 문장, 가족에게 소개하기
6. 방바닥 걸레질하기
7. 세면대 밑면(바닥과 마주 보는 면) 물때 닦기
8. 햇볕에 신발 말리기
9. 해 뜨는 사진 또는 해가 지는 사진 찍어보기
10. 싱크대 속 음식물 쓰레기통 비우기
11. 햇볕에 수세미 말리기
12. 가족 손바닥 안마해드리기
13. 오늘 외운 영어 단어 10개 가족에게 알려드리기
14. 가족과 함께 멋진 포즈로 셀카 찍기
15. 세계지도와 지구본의 장단점 소개하기
16. 물 없이 신발 깨끗이 닦기(실과 시간에 배운 대로 하기)
17. 햇볕에 도마와 수세미 말리기
18. 연휴 중 나무 많은 공원(학교 뒷산)이나 자연에서 가족과 함께 걸으며 이야기 나누기
19. 청소기 먼지통을 비우거나 빗자루에 묻은 먼지 떼기
20. 가족이 다 들어온 후 신발에 묻은 먼지 닦고 정리하기
21. 청소기 헤드에 묻은 먼지 및 머리카락 떼내기
22. 오늘 하루 웃겼던 일 이야기 나누기
23. 가족에게 「경서 친구 경서」 책 이야기 소개하기
24. 가족에게 새로 전학 온 친구 소개하기, 전학 온 친구는 새로 만난 친구를 가족에게 소개하기
25. 볼링장 다녀온 소감 이야기하기
26. 가족과 함께 책 한 쪽 소리 내어 읽은 시간 재보기
27. 가족과 뿌듯함을 느꼈을 때는 언제인지 이야기 나누기
28. 가족과 함께 서로가 친구들과 함께 보낸 즐거운 시간에 관해 이야기 나누기
29. 가족과 함께 서로가 인상 깊게 읽은 책에 관한 이야기 나누기

5장
친구와 함께하는 학생

오래전 이야기다. 친구들과 어울리기를 유독 힘들어하는 아이가 있었다. 아이만의 문제가 아니었다. 다른 아이들이 아이를 대하는 태도도 가만히 두고 볼 수 없었다. 멀리서 보면 알 수 없었지만, 가까이 가면 들리는 아이들의 목소리에는 혐오와 경멸이 담겨 있었다.

누군가를 혐오하고 경멸하는 말을 들으면서 나는 참을 수 없는 분노가 솟았다. 하지만 화를 내고 야단을 친들, 친구를 혐오하고 경멸하는 아이들의 마음을 바꿀 수는 없었다. 교사인 내가 해야 할 일은 아이들의 미성숙에 화를 내는 것이 아니라, 타인을 혐오하고 경멸하는 미성숙한 마음을 바꾸는 것이었다.

아이가 가진 문제도 있었다. 사실 아이 자신이 가진 문제가 아니라 가정 문제가 컸다. 다른 아이들은 아이의 사정을 알 길이 없었다. 배경을 모르는 아이들이 던지는 혐오와 경멸의 말이 아이의 겉모습만 보고 던진 것임을 교사인 나만 알고 있었다. 어떻게 해야 오해가 풀릴까? 사실을 있는 그대로 말할 수도 없었다.

결국 내 고민을 아이들에게 털어놓고 양쪽 모두에게 한 가지 부탁을 했다. 아이들에게는 싫어하는 아이에게 바라는 점 한 가지를, 싫어하는 아이에게는 다른 아이들에게 바라는 점 세 가지를 써 오도록 말이다. 서로가 서로에게 바라는 점이 무엇인지 알고, 그것을 지키기 위해 노력하면 관계가 개선될 것 같았기 때문이다.

더불어 아이들 마음속에서 자신보다 못한 친구들을 내려다보는 비뚤어진 관점을 바꿔주고 싶었다. 어른이 되고 나이가 들면서 인생은 대학 입학에서 결정 나는 것이 아니라, 삶의 마지막에 결정된다는 것을 알게 되었기 때문이다. 친구들을 볼 때도 좀 더 깊게, 멀리 생각하게 하는 법을 아이들에게 가르치고 싶었다.

우정 가르치기

어린 시절 알파벳도 모르던 내가 영어교육과에 진학했듯이, 아이들의 삶도 함부로 판단해서는 안 되는 일이다. 그래서 내가 제일 좋아하는 프리지어꽃과 내 삶을 예로 들어 아이들 생각에 이의를 제기해보고 싶었다.

해마다 봄이 되면 나는 프리지어를 샀다. 수업을 한 것은 4월 초였다. 아이들에게 한 송이씩 나누어주고 활짝 핀 프리지어와 아직 꽃망울이 터지지 않은 프리지어 중 어떤 프리지어가 비싼지 물어보았다. 아이들 대부분이 답을 맞혔다. 아직 피지 않은 프리지어가 더 비싸다고.

같은 시기에 심어도 먼저 피는 꽃이 있고, 늦게 피는 꽃이 있듯이 나보다 못하다고 여기는 친구를 함부로 판단해서는 안 된다고 말했다.

안전한 교실을 위한 학교폭력 예방교육

이런 생각에서 아이들에게 글을 쓰게 한 후 하나하나 읽었다. 아이들이 나와 같은 생각을 해줘서 고맙기도 했고, 조금은 다른 생각을 보여서 서운하기도 했다. 모든 아이가 내 이야기에 생각을 바꾸었으리라고는 믿지 않는다. 사실 그렇다. 나 역시 모든 사람의 이야기에 수긍하지는 않으니까.

아무리 좋은 영상이나 사진을 본다 해도 아이 스스로 생각하지 않는다면 아무런 변화가 일어나지 않는다. 아이들 스스로 생각해보고 스스로 답을 찾아야 한다. 아이들 마음속에 어떤 벽이 있는지 알아야 그 벽을 넘어설 수 있다. 그래서 교사는 학생을 관찰해야 하고, 학생에게 대한 관심을 지속해야 한다. 벽의 존재를 알아야 벽을 넘어설 수 있다.

그래서 말이 필요하고, 글이 필요하다. 그 어떤 생각도 자유롭게 드러낼 수 있는 안전한 교실이 되어야 한다. 정해놓은 답을 찾는 것보다 스스로 찾은 답을 꺼내놓는 일이 더 중요하다. 아이들이 살아가는 세상은 교사나 부모가 아니라, 아이들 스스로 길을 찾아야 하기 때문이다.

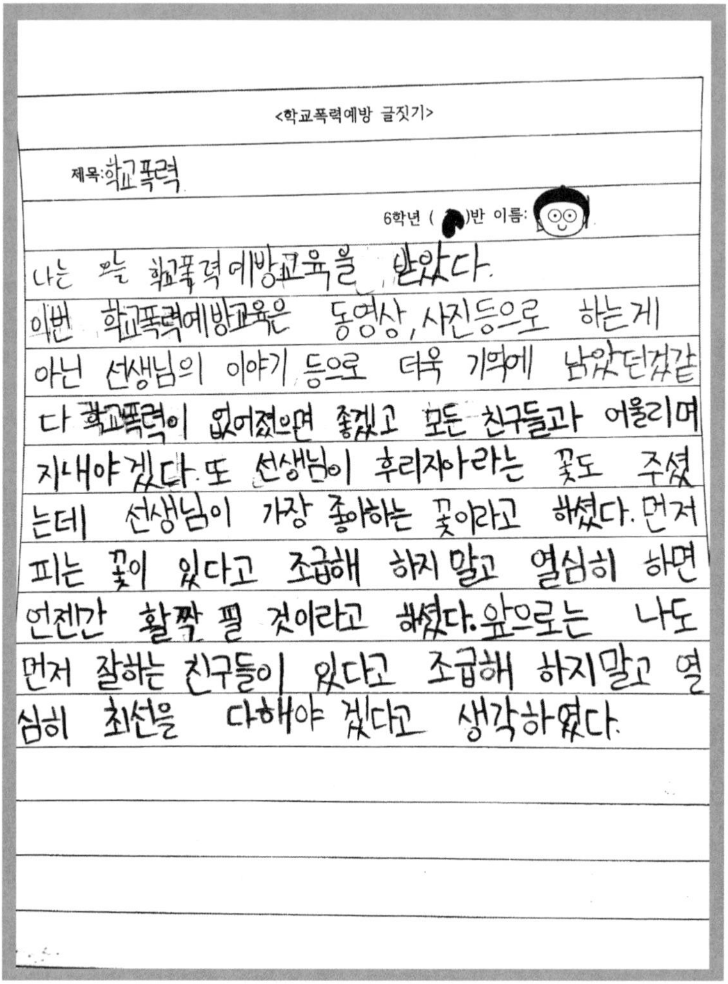
<학교폭력예방 글짓기>

제목: 학교폭력

6학년 ([redacted])반 이름:

나는 오늘 학교폭력예방교육을 받았다.
이번 학교폭력예방교육은 동영상, 사진등으로 하는게
아닌 선생님의 이야기 등으로 더욱 기억에 남았던것같
다 학교폭력이 없어졌으면 좋겠고 모든 친구들과 어울리며
지내야 겠다. 또 선생님이 후리지아라는 꽃도 주셨
는데 선생님이 가장 좋아하는 꽃이라고 하셨다. 먼저
피는 꽃이 있다고 조급해 하지 말고 열심히 하면
언젠간 활짝 필 것이라고 하셨다. 앞으로는 나도
먼저 잘하는 친구들이 있다고 조급해 하지말고 열
심히 최선을 다해야 겠다고 생각하였다.

<학교폭력예방 글짓기>

제목: 학교 폭력 예방 교육을 듣고

6학년 ([redacted])반 이름: 

우리반에는 다른 친구들과 어울려 놀지 못하는 친구가 있다. 그 친구가 오면 '더러워', '저리가' 등… 가까이 오기만 해도 짜증나했다

선생님은 그 모습을 보시고 우리가 그 친구에게 바라는 점 1가지씩과 그 친구가 우리에게 바라는 점 세가지를 적어오라고 하셨다. 다음날 선생님께서는 우리가 그친구에게 바라는 점을 읽어주셨는데 대부분 "옷을 다른걸로 바꿔입기", "머리스타일 바꾸기", "애교 부리지 말기" 등이 있었다 그리고 그친구가 바라는 것을 모두 통틀어 보면 우리가 그친구에게 먼저 다가가 주는 것이였다

나는 그친구가 우리에게 바라는 것이 엄청 쉬운일이라는 것을 깨달았다.

그래서 나는 당장 내일부터 그친구에게 먼저 다가가 주는것은 어려운일 이지만 '내가 만약 그친구라면 어떤 기분이였을까?' 하고 생각해보며 그친구를 이해해 줄것이다.

<학교폭력예방 글짓기>

제목: 후리지아 꽃

6학년 ([redacted])반 이름:

선생님께서 우리 6-2 에게 후리지아 꽃을 주셨다.
후리지아 꽃은 선생님께서 가장 좋아하는 꽃이고, 우리에게 1송이 씩 나누어 주셨다.
나는 조심히 다루어 집에 가서 병에 물을 담고 꽂아 놓았다.
잘 꽃이 피었으면 좋겠다. 선생님께서 이런 말씀을 하셨다.
"사람하고 꽃은 똑같다. 사람도 뭐 국어도 못하고 수학도 못하고,
체육을 못한다 하지만 노력하고 칭찬 해주면 점점 잘 되고,
꽃도 처음에는 안 피지만 신경 써주고 물도 꼬박꼬박 주고 햇빛도
빛춰주고 하면 점점 자라서 예쁜 꽃이 된다." 라고 말씀해 주셨다.
생각해보니 진짜 사람하고 꽃하고 똑같은 것 같다.
노력하고 꾸준히 해면 누구나 다 된다는 사실을 알게 되었다.
혼자만 노력하지 말고 우리 모두 다같이 1명도 빠지지 말고,
꾸준히! 노력하면 다 된다는 사실! 불가능은 없다.!!
지온을 최고로 보은을 제일로 모든 일에 함께 노력하자!
진짜 1명도 빠짐 없이 노력하자! 파이팅!! 노력하자!

- 1 -

<학교폭력예방 글짓기>

제목: 학교폭력 예방의 느낀점

6학년 ([redacted])반 이름: 

선생님께서 사람도 꽃과 같다며 후르지아 꽃을 나눠주실 때
나보다 훨씬 못하고 힘든 사람들을 무시하면 안되겠다는 생각이
들었다. 그사람도 언젠가 우리보다 훨씬 더 크고 예쁜 꽃을 피울
지도 모른다. 앞으로는 사람들을 존중하고 사람을 무시하지 않는
꽃이 되겠이다. 나도 아직 꽃이 피진 않았지만 더 노력하면
그 누구보다 더 크고 예쁜 꽃을 피울거라고 생각한다. 항상 힘들겠지
만 잘이겨내야 더 큰 꽃을 피울 수 있을 것이다. 그리고 선생님의
말씀을 들으면서 나보다도 힘들고 고달픈 인생을 사는 사람들이
더 많을 것이라고 생각하며 감사하게 생각하게되었다.
앞으로는 사람들을 도우며 나보다 사람들을 먼저 생각하는 아이가
되도록 최대한 노력해볼 것이다.

더 많이 필요한 우정교육

새 학교로 발령받았다. 발령받고 학교에 인사하러 갔는데 교장 선생님의 성함이 왠지 익숙했다. 초등학교 시절 은사님의 성함과 같았기 때문이다. 학교 회식이 있던 날, 교장 선생님과 잠깐 이야기를 나눌 기회가 생겨서 여쭤보았다. 혹시 몇 년도, 어느 학교, 몇 학년 담임을 하신 적이 있으신가요? 아니나 다를까, 초등학교 3학년 때 담임 선생님이셨다.

그 후 1년이 지났을 때 나는 모두가 기피하는 생활인권부장이 되어 있었다. 생활인권부 계원은 두 사람이었다. 하나는 원로 교사, 다른 한 사람은 스포츠 강사. 한 사람은 관심이 없었고 다른 한 사람은 업무에 대해 아는 것이 없었다. 결국 나 혼자 모든 업무를 다해야 했다. 그때 우리 학교는 학교폭력예방 선도학교로 지정되었다. 학교폭력예방을 위해 가장 손쉽게 실적을 만드는 방법은 하나, 바로 학교폭력 실태조사다. 우리 학교는 학교폭력 실태조사를 2주마다 실시했고, 설문에 응답하는 과정에서 아이들 사이는 점점 더 멀어져만 갔다. 왜? 질문이 생각의 방향을 결정하기 때문이다.

우리 학교도 그랬지만 모든 학교에서 해마다 실시하는 교육과 설문조사가 바로 학교폭력예방교육과 학교폭력 실태조사다. 초등학교에 입학하기 전부터 아이들은 학교폭력이란 용어를 자주 접하고 학교폭력 사례를 접한다. 앞에서도 말했지만, 학교에 입학하면 1학년 1학기부터 학교폭력 전담경찰관이 와서 학교폭력의 정의와 유형 그리고 처벌에 관해 가르쳐준다. 그리고 아이들에게 묻는다.

"친구에게 맞은 적 있는 사람?"

질문에 대답하려면 아이는 스스로를 무엇으로 가정해야 할까? 그렇다. 피해자다. 나를 제외한 모든 친구는 가해자로 가정해야 한다. 이제 막 학교에 입학한 아이들이 서로를 두려운 학교폭력의 가해자로 가정하는 연습을 하게 만드는 것이다. 아이들은 배운 걸 성실히 연습한다. 학교폭력예방교육은 만 6, 7세에 불과한 같은 반 아이들이 하는 말과 행동을 단 하나의 관점으로 해석하게 만든다. 학교폭력 가해행위인가, 아닌가? 이 질문은 변하지 않고 고등학교 3학년까지 이어진다. 무려 12년 동안.

과연 아이들에게 우정이 존재할 수 있을까? 학창 시절에 평생의 친구를 만들 수 있을까? 오히려 서로에게 관심을 끊는 것이 스스로를 학교폭력의 가해자로 만들지 않는 최선의 선택이 되지 않을까? 과연 사람의 말과 행동을 폭력의 프레임으로만 해석하도록 만드는 게 아이들을 위한 일일까?

여기서 잠깐 미국의 심리학자 앨버트 반두라Albert Bandura의 실험을 살펴보자. 반두라는 평범한 사람이 잔인한 행동을 하는 원인을 찾는 실험을 했다. 그는 실험 참가자 학생들에게 감독관 역할을 맡아서 전기충격을 이용해 학생을 공부하게 시키라고 지시했다(물론 요즘 이와 같은 주제와 방법은 연구윤리 심사를 통과하기 어려울 것이다).

실험 참가자를 두 집단으로 나누어 한쪽은 학생에게 이해력이 좋다거나 하는 인간적인 칭찬을 듣고 실험에 임하게 하고, 다른 한쪽은 참가 학생에게 도덕성을 지적하며 짐승 같다는 비인간적 비난을 듣고 실험에 임하게 했다. 연구 결과, 비인간적으로 표현한 말을 들은 감독관(학생) 집단은 2, 3배 높은 전기충격을 주었을 뿐만 아니라, 인간적 평가를 들은 감독관 집단이 징벌에 20퍼센트만 동의한 반면에 비인간적 평가를 들은 집단은 그 4배인 80퍼센트가 동의했다.

마치 학교폭력을 대하는 언론과 촉법연령을 낮춰야 한다는 여론이 연상되지 않는가. 더 강한 처벌만이 학교폭력을 뿌리째 없앨 수 있다는 생각은 반두라 실험에 등장하는 비인간화된 감독관 집단과 다르지 않다. 거듭 강조하지만, 질문이 생각의 방향을 결정한다. 언어가 생각의 범위를 제한한다. 무엇을 묻느냐에 따라 우리의 생각은 달라진다.

온종일 함부로 말하고 행동하는 아이는 없다. 친구에게 친절할 때가 있고, 스스로 노력할 때가 있다. 좋은 친구의 모습을 보여줄 때도 반드시 있다. 하지만 우리는 좋은 일보다 나쁜 일을 더 오래 기억하려고 한다. 왜 그럴까? 나쁜 일을 다시 경험하기 싫기 때문이다.

아이들에게 물었다. 친구가 있는가? 친구가 좋은 이유는 무엇인가? 좋은 친구는 어떤 친구인가? 아이들이 발표한 내용을 하나하나 칠판에 적었다. 아이들이 좋은 친구라고 쓴 내용을 질문으로 바꾸었다. 나를 도와주는 친구가 있나요? 나를 웃게 하는 친구가 있나요? 나를 믿어주는 친구가 있나요? 나에게 인사하는 친구가 있나요? 먼저 사과하는 친구가 있나요? 좋은 친구에 관해, 친구가 좋은 이유에 관해 생각해보는 것은 친구를 가해자로 가정하는 것보다 아이들에게 훨씬 편안함을 느끼게 한다. 친구의 좋은 점을 보려고 노력한다는 건 거꾸로 말해서 나의 좋은 점을 친구들이 알아줄 가능성이 크다는 뜻이기 때문이다.

다음의 표에 나오는 질문은 아이들이 이야기한 친구의 좋은 점 혹은 좋은 친구에 관한 아이들의 생각을 질문으로 바꾸어놓은 것이다. 첫 번째 질문은 친구들의 좋은 점을 살피게 만드는 질문이다. 질문에 답하려면 좋은 친구가 있는지 주변 친구를 한 명 한 명 살펴야 한다. 아이 자신도 친구들로부터 좋은 친구로 인식될 가능성이 커진다. 질문 자체가 사람을 바라보는 관점을 바꿔놓는 것이다.

주변에 좋은 친구를 찾는 것보다 더 중요한 일이 있다. 바로 자신이 좋은 친구가 되는 것이다. 아이들 각자가 서로에게 좋은 친구가 되어주려고 노력한다면 좋은 친구는 점점 늘어나게 된다. 친구의 잘못을 지적하기보다 자신이 더 나은 친구가 되었나 살펴보게 하는 일, 그것이 아이 스스로 더 나은 사람이 되도록 돕는 일이 아닌가.

아이들과 함께 좋은 친구에 관해 생각해보고 함께 질문을 만드는 수업을 해보자. 혹은 표에 제시한 질문을 정기적으로 실시해보면 어떨까?

대인관계

NO		매우 많다	많다	있다	거의 없다	전혀 없다
1	함께 놀자는 친구가 있나요?					
2	나를 믿어주는 친구가 있나요?					
3	나를 도와주는 친구가 있나요?					
4	나를 웃게 하는 친구가 있나요?					
5	먼저 화해하자는 친구가 있나요?					
6	진심으로 사과하는 친구가 있나요?					
7	나에게 고마워하는 친구가 있나요?					
8	나에 대해 잘 아는 친구가 있나요?					
9	함께 있으면 행복한 친구가 있나요?					
10	나에게 가장 힘이 되는 친구가 있나요?					
11	내게 필요한 걸 빌려주는 친구가 있나요?					
12	자신의 잘못을 먼저 인정하는 친구가 있나요?					
13	나를 진정한 친구라고 생각하는 친구가 있나요?					
14	나의 잘못을 따듯하게 지적하는 친구가 있나요?					
15	내 마음을 알아주고 위로해주는 친구가 있나요?					

자기인식

NO		매우 많다	많다	있다	거의 없다	전혀 없다
1	나는 잘 도와주는 친구인가요?					
2	나는 친구를 믿어주는 친구인가요?					
3	나는 친구를 웃게 하는 친구인가요?					
4	나는 친구에게 힘이 되는 친구인가요?					
5	나는 함께 있으면 행복한 친구인가요?					
6	나는 친구에 대해 잘 아는 친구인가요?					
7	나는 장난의 선을 넘지 않는 친구인가요?					
8	나는 친구의 아픔을 위로해준 적이 있나요?					
9	나는 친구에게 같이 놀자고 한 적이 있나요?					
10	나는 친구의 나쁜 태도를 좋게 지적할 수 있나요?					
11	친구와 싸운 후 내가 먼저 화해하자고 한 적이 있나요?					
12	나의 잘못을 진심으로 인정하고 먼저 사과하는 친구인가요?					

용서와 사과 가르치기

학교에서 가장 가르치기 어려운 것은 무엇일까? 영어? 수학? 사회? 과학?

아니다. 내 생각에 가장 가르치기 어려운 것을 꼽으라면 아마 '용서와 사과'가 아닐까. 지능이 좋다고, 학업성취가 우수하다고 남을 잘 용서하거나 자신의 잘못을 인정하고 마음을 담아 사과할 줄 아는 것은 아니다. 오히려 자신을 무시했다고 보복하거나, 실수를 인정하면 무능하다고 여길까봐 끝까지 사과를 안 할 때도 많다. 반대 경우도 마찬가지다. 지능이 낮다고, 어리숙하다고 남을 잘 용서하거나, 자기 잘못을 인정하고 사과할 줄 아는 것은 아니다. 머리가 나쁘다고 무시해서 생긴 일이라며 절대 용서하지 않거나, 자신의 잘못을 인정하는 것은 낮은 지능을 인정하는 것이라고 여겨 사과하지 않을 때도 있다.

용서와 사과를 가르치는 일은 교과 지식을 전하는 것보다 훨씬 어렵다. 용서와 사과는 어른도 잘하지 못한다. 그래서 보고 배우지 못하는 아이들이 많다. 부모도 교사도 부모와 교사 이전에 사람이다. 사람이기에 실수할 수 있다. 나이 많은 어른이 자신의 잘못을 인정하고, 자신보다 나이가 어린 아이에게 사과하는 모습을 보고 배우는 것보다 가치 있는 교육이 있을까? 나아가 어린아이의 실수나 잘못을 용서하고 더 나은 행동을 보여주고 격려하는 어른을 만나는 것보다 좋은 환경이 있을까?

아이들에게 용서와 사과를 가르치기 위해 제일 먼저 할 일은, 나의 잘못을 인정하고 사과하는 일과 아이들의 실수나 잘못을 용서하고 더 나은 행동을 보여주고 기대하는 일이라고 나는 생각한다. 교육은 교사의 삶과 일치할 때 힘을 발휘한다. 다음은 용서와 사과를 가르치는 수업에 관한 이야기다.

용서와 사과 수업

사과란 '자기의 잘못을 인정하고 용서를 비는 것'을 말한다. 날마다 교실에서 아이들은 싸우고 화해한다. 진심으로 사과하는 아이도 있고, 건성으로 사과하는 아이도 있다. 교사가 없었다면 사과하지 않을 아이도 있다. 다툼이 잦은 교실이라면 사과가 받아들여지기 전에 사과했다는 것으로 상황을 끝낼 때가 많다. 다음 다툼을 중재해야 하기 때문이다.

아이도 어른도 잘못을 인정하고 용서를 구하지 않을 때가 많다. 진심을 다해 사과하기 어렵기 때문이다. 누구나 잘못할 수 있지만 아무나 잘못을 인정하지는 않는다. 누구나 실수할 수 있지만 아무나 진심으로 사과하지는 않는다. 그래서일까? 어른들은 자신도 못하는 사과를 아이들에게 하라고 강요할 때가 많다. 강요에 의한 사과에는 진심이 담기기 어렵고, 진심을 담지 못한 사과를 받은 아이는 용서 대신 분노와 적개심만 가슴에 담아두기 마련이다.

따라서 진정한 사과를 가르치는 것은 모든 아이에게 꼭 필요한 일이다.

이때 아이들과 함께 다루는 이야기가 하나 있다. tvN 방송의 〈어쩌다 어른〉 프로그램의 한 강사가 소개한 남자 초등학생 이야기다.

한 아이가 강연 중간 쉬는 시간에 찾아왔다. 그러곤 강사에게 수학여행 때 친구들이 바지를 벗기고 사진을 찍었는데 사과만 하고 끝났다고 했다. 그런데 너무 억울하다며 강연 시간 10분만 달라고 했다. 아이는 친구들 앞에서 그 사건을 다시 꺼냈다. 그때는 담임 선생님이 사과하게 시키고 사진을 지우게 한 것으로 일이 끝났다고 했다. 선생님도 나쁘다는 것이다. 피해 아이의 이야기도 듣지 않고 선생님은 아이들에게 사과를 시켰고, 아이들은 교사가 시키는 대로 사과했기 때문이다. 피해 아이가 어떤 고통을 받는지도 모른 채 교사가 시켜서 하는 사과는 사과가 아니라고, 진짜 사과는 피해자의 마음이 풀릴 때까지 용서를 구해야 하는 거라고 아이는 말했다. 아이는 그 사건 이후로 밤에 누가 벗길 것 같아서 바지를 붙잡고 잔다고 했다. 그래서 자고 일어나면 팔이 너무 아프다고 했다.

그 이야기를 들은 가해 아이들이 하나둘 앞으로 나와 무릎을 꿇고 사과를 했다. 피해 아이는 다른 모든 친구도 가해자라고 했다. 바지를 내리고 사진을 찍을 때 손뼉을 치며 방관했기 때문이다. 모든 친구가 하나둘 사과하자, 아이는 이렇게 말했다.

"내가 악몽을 꾸지 않으면 그때 사과를 받을게."

그런데도 아이가 학교에 나오는 이유는 두 친구 때문이라고 했다. 그때 찍지 말라고, 스마트폰 끄라고, 그러면 안 된다고 말해준 두 친구 덕분에 학교에 나온다고 말했다.

아이들에게 하나씩 이야기를 들어주며 묻는다. 친구가 잘못을 저지를 때 어떻게 해야 하느냐고. 혹시나 잘못했다면 무엇을 해야 하느냐고.

아래 대화는 바로 친구와 사과에 관한 이야기다.

친구와 사과

“

— 자, 읽어볼까?

— ‘친구와 사과’

— 오늘 뭐에 관해 배울 것 같아?

— 친구와 사과요.

— 그래. 친구와 사과에 관해 배울 거야.

— 사과는 무슨 사과예요?

— 잘못을 인정할 때 하는 사과야. 먹는 사과는 아니고. 사과해본 사람?

— 저요!

— 한 번도 안 해본 사람?

— 저요!

— 진짜 사과한 적 없어?

— 음…… 있어요.

— 야! 장난하지 마!

— 괜찮아. 생각 안 날 수도 있지. 좋아. 그럼 사과를 받아본 사람?

— 저요!

— 사과를 억지로 받아준 적 있는 사람?

— 억지로요?

— 음…… 예를 들면, 선생님이나 부모님이 “야, 너 빨리 사과해” 하면 잘못한 아이가 뭐라고 말해?

— “내가 잘못했어. 미안해. 다시는 안 그럴게”라고 해요.

— 너희는 이 말 들으면 기분이 풀려?

— 아니요!

— 왜 안 풀려?

— 진심이 안 느껴져요.

— 사과받는 사람이 마음이 안 풀려도 사과했으면 된 거야?

— 말했으니까 끝난 거 아니에요?

— 진심이 아니어도 말로만 사과하면 돼?

— 아뇨.

— 그럼 어떻게 사과해야 해?

— 마음을 담아서 해야 해요.

— 마음이 담긴 사과라는 걸 어떻게 알아?

— 표정이나 눈빛, 목소리 같은 걸 들으면 알죠?

— 그랬는데 또 같은 잘못을 하고 마음을 담아 사과하면, 그것도 진심으로 사과한 거야?

— 아뇨!

— 그럼 진심을 알려면 무엇을 봐야 해?

— 행동이요.

— 상대방에게 무관심하고 모른 척 지내는 행동도 진심이 담긴 사과일까?

— 아뇨!

— 그럼 친구에게 잘못하고 사과한 후에 어떻게 대해야 해?

— 잘해줘야 해요.

— 그러면 물어보자. 친구의 뜻이 뭐였지?

— 가까이 두고 오래 사귄 벗이요.

— 우리 반 친구 모두를 너희 가까이 두고 오래 사귀고 싶어?

— 아뇨! 절대 싫어요!

— 어떤 친구를 가까이 두고 오래 사귀고 싶어?

— 좋은 친구요.

— 실수나 잘못을 안 하는 사람이 있을까?

— 저요! 저 안 해요!

— 야! 너 지난번에 나한테 말도 없이 내 필통 가져갔잖아!

— 그래, 없어. 선생님도 너희에게 실수하면 미안하다고 사과하잖아. 그

치?

— 네!

— 그럼 잘못을 인정하는 사람이 좋은 친구야? 인정하지 않는 사람이 좋은 사람이야?

— 인정하는 사람이요!

— 너희는 잘못을 인정하고 같은 잘못을 다시 하지 않으려고 노력하는 좋은 친구가 될 수 있겠어?

"

용서와 사과에 관한 글쓰기

마지막으로 '사과'에 관해 아이들과 이야기를 나눈 후에 10분간 자유 글쓰기를 한다. 사과받고 싶은 일도 좋고, 사과하고 싶은 일도 좋으니 어떤 일이건 자유롭게 쓰자고 제안하자. 아이들이 사과받고 싶은 대상은 친구보다 어른이 많았다. 자신보다 나이가 많거나 힘이 센 사람들 말이다.

다음은 아이들이 기억하는, 사과를 받고 싶은 사람이다.

- 소란스럽게 굴던 친구들 옆에서 가만히 있던 아이를 팔꿈치로 세게 치고 가던 할아버지.
- 내리기 전에 미리 내린다고 말하고 내리라고 해서 내린다고 소리쳤는데도 무시하고 정류장을 지나친 청소년수련관 버스 운전기사 아저씨.

- 친구가 먼저 자신을 괴롭혀서 똑같이 했더니, 나중에 찾아와 두꺼운 『WHY』 시리즈 책으로 머리를 내리친 친구 엄마.
- 친구에게 장난으로 한 행위에 바로 사과를 했는데도, 뒤늦게 목격하고 귀를 잡아 흔든 담임 선생님.
- 목줄을 하지 않은 개를 골목에 풀어놓고 아이들을 공격하는데도 방치하는 개 주인.
- 급한 볼일 때문에 들어간 화장실에서 새치기한 아주머니.
- 돈 내고 30분간 타는 트램펄린에서 10분 만에 내려오게 한 동네 아주머니.
- 형이 없을 때 컴퓨터를 만졌다고 때린 우리 형.
- 동생이 허락 없이 내 스마트폰을 만져서 싸웠는데 나만 혼낸 우리 엄마.
- 본인은 게임하면서 내가 게임하면 게임 그만하라고 화내는 우리 아빠.

아이들보다 나이 많고 힘센 사람들 입장에서는 사소한 일일 수 있지만, 아이들에게는 중요한 일이다. 아이들에게 중요한 일을 교사가 중요하게 여기는 일이 아이들을 위로하는 일이기도 하다.

아이들의 이야기를 다 듣고, 공통점을 찾아보라고 했다. 아이들은 대번에 찾아냈다. 자신들보다 나이가 많거나 힘이 센 사람들이라는 것을. 아이들에게 다시 물었다. 이들에게 무엇을 가르쳐주고 싶으냐고.

아이들은 대답했다. 사과하는 법을 가르쳐주고 싶어요. 마지막으로 질문을 더한다. 얘들아, 너희보다 어리고 힘이 약한 사람에게 사과한 적 있어?

더불어 혹시나 선생님에게서 사과받고 싶은 일이 있으면 언제든 말해줘, 하고 말이다. 선생님도 잘못할 수 있으니까.

6장
동료와 함께하는 교사

학교에는 아이들의 건강한 성장과 발달을 위해 애쓰시는 분들이 많다. 하지만 아이들 대부분은 모른다. 사실 교사들도 잘 모른다. 그들의 노고를. 화장실 변기에 휴지 뭉치를 넣어두거나, 소변기 옆벽을 향해 소변을 보거나, 화장실 문에 변을 발라놓거나, 화장실 천장에 젖은 휴지를 던져놓거나, 변기 물을 내리지 않는 일이 비일비재하지만, 오히려 아이들이 변기 레버 누르기가 힘들어서 그런 거라며 걱정하는 미화원이 있다는 것을. 눈이 내린 아침, 아이들이 미끄러질까 일찍 출근해서 눈을 치우는 주무관이 있다는 것을. 아픈 아이 걱정에 몸이 안 좋으면 언제든지 보건실에 들르라고 하고 자신의 아이처럼 돌봐주는 보건교사가 있다는 것을. 책 읽는 즐거움을 전하기 위해 갖가지 도서관 프로그램을 준비하는 사서교사가 있다는 것을.

아이들을 위해 날마다 애쓰는 많은 사람이 역시나 학교에 존재한다는 걸 알게 되었을 때, 아이들 또한 학교에서 보내는 순간이 얼마나 소중하고 의미 있는 시간인지 깨닫게 되지 않을까? 그리고 그 고마움을 전할 때 학교의 모든 구성원이 각자가 하는 일의 의미를 되새기는 계기가 되지 않을까 생각한다.

학생에게 영향을 미치는 사람은 교사뿐만이 아니다. 함께 아이들을 가르치는 동료 교사들과 이들의 교육 활동을 지원하는 교직원 모두가 학급경영을 돕는 사회적 지지집단이자 교육공동체를 이룬다. 아이들을 지지하는 더 큰 집단의 존재를 깨닫게 하고, 더불어 동료 교사와 함께 배우고 지지하는 공동체를 만드는 활동을 소개하려고 한다.

스승의 날 특별 프로젝트 추진하기

앞서 언급한 감사 관련 연구를 토대로 교실에서 아이들과 할 수 있는 프로그램이 있다. 먼저 스승의 날 프로젝트다. 다음의 '스승의 날, 이런 선물을 받고 싶어'란 주제의 글을 보며 한번 생각해보자.

"

— 지금 너희들 책상 위에 무엇을 올려놓았을까?

— 편지지랑 편지 봉투요.

— 누구에게 편지를 쓰려고 하는 걸까?

— 선생님이요.

— 왜?

— 스승의 날이잖아요.

— 선생님에게 쓰려고 하는 건 아닌데?

— 그럼 누구에게 써요?

— 지금부터 누구에게 편지를 쓰려고 하는지, 왜 편지를 쓰려고 하는지 이야기해줄 테니까 잘 들어줄 수 있어?

— 네!

— 선생님이 대학에 다닐 때 이런 질문을 받았어. "학교에서 가장 중요한 사람이 누굴까요?" 그러자 학생들이 뭐라고 대답했을까?

— 교장 선생님이요.

— 또?

— 학생이요.

— 또?

— 선생님이요.

— 그래. 근데 학생, 선생님, 교장 선생님 중에 가장 중요한 사람이 있었을까?

— 없어요?

— 가장 중요한 사람은 학교를 지켜주는 분들이래. 너희들이 사용하는 화장실과 복도, 그리고 계단을 치워주는 분, 학교 시설 여기저기 고장 나면 고쳐주는 분, 밤이 되면 학교를 지켜주는 분, 너희들이 먹는 급식을 만들어주고 다 먹고 난 식판과 남은 음식을 매일 치워주는 분, 너희들이 사용하는 여러 물건을 구입해주는 분, 학교로 오는 전화를 받아주는 분……. 너희가 이름도 모르는 많은 분이 너희를 위해 애써주고 있어.

— 근데 그게 스승의 날이랑 무슨 상관이에요?

— 오래전에 그분들과 함께 밥 먹을 일이 있었어. 그때 급식을 조리해주는 분들이 선생님을 찾으시더라고. 왜 찾으셨을까?

— 편지 고맙다고요.

— 그래. 급식조리 일을 10년 넘게 했는데 한 번도 고맙다는 말 한마디, 편지 한 통 받은 적이 없으셨대. 그런데 아이들이 감사한 마음을 담아 편지를 써주었으니 얼마나 고마웠을까? 만약 아이들이 편지를 쓰지 않았다면 그분들이 아이들이 고마워하는 마음을 알 수 있었을까?

— 아뇨. 알 수 없었어요.

— 그렇지. 그분들의 고마움을 알았으니 우리는 급식을 어떻게 먹어야 해?

— 골고루 먹어야 해요. 깨끗이 먹어야 해요.

— 그래. 그런 너희의 마음을 편지에 써주면 좋겠어. 그럼 누가 훌륭해지는 거야?

— 저희요.

— 그래. 너희가 훌륭해지는 것이 바로 선생님한테 주는 스승의 날 선물이야. 어때? 훌륭해질 준비 되었니?

”

해마다 5월이 되면 스승의 날을 맞이해 아이들에게 학교 안에서 학생을 위해 애쓰는 분들을 위해 감사편지를 쓰게 했다. 아이들이 직접 담임, 교과 전담 교사, 교감, 교장을 제외하고 학생을 위해서 애쓰는 다른 교직원들을 찾아보게 했다. 이름과 직책을 알아보고, 하는 일과 관련한 인터뷰를 하게 했고, 인터뷰 결과를 발표하고 소감을 나누는 수업을 했다. 더불어 연말에는 아이들과 함께 마음을 모아 선물을 마련하고, 직접 포장하고, 감사편지나 카드를 드리는 활동으로 마무리했다. 그래야 감사의 마음을 담을 수 있을 터였다. 그래야 타인이 하는 일 중 그 어느 것도 당연하다고 생각할 일은 없다는 것을 조금이나마 알 수 있기 때문이다. 또한 타인의 존재에 감사해야 하는 이유를 알게 되기 때문이다. 그래야 아이들이 자기중심성에서 조금이라도 벗어날 수 있을 터였다.

어느 해 12월 말, 1월 1일 자로 다른 학교로 전근 간다는 행정실장 선생님의 메시지가 온 적이 있다. 한 번도 사적인 메시지를 받아본 적이 없었는데도. 행정실장 선생님이 무슨 일로 내게 메시지를 보냈을까? 스승의 날에 아이들 편지를 받고 자신이 하는 일의 의미를 다시 생각해보게 되었다는 내용의 메시지였다. 미처 생각지 못했다. 감사편지가 타인이 하는 일의 의

보낸사람 주무관: [redacted]
받는사람 6-2: 천경호(6-2)
참 조

[redacted]이가 준 크리스마스 카드와 선물을 받으니
이제야 성탄절 기분이 드네요.^^
감사합니다.

보낸사람 행정실장: [redacted]
받는사람 6-2: 천경호(6-2)
참 조

카드 감사합니다.
[redacted] 학생에게도 고맙다고 전해주세요^^

보낸사람 영양사: [redacted]
받는사람 6-2: 천경호(6-2)
참 조

선생님,
아이들의 카드와 선물 잘 받았습니다!
깜짝 방문으로 여사님들도 너무 놀라고 기뻐하셨어요 ^^
늘 저희까지 생각해주셔서 감사한 마음입니다ㅠㅠ
더 맛있고 건강한 급식 제공으로
보답(?)하겠습니다 ^^ㅎㅎ
감사합니다 ^^

보낸사람 주무관: [redacted]
받는사람 6-2: 천경호(6-2)
참 조

감사합니다 또 한번 감동했습니다
아이들에게 정말 기억에 남는 은사입니다

[redacted]에게 감사인사를 대신 해주세요
제가 다른일을 하느라고 자리에 없었어요
먼훗날 [redacted]가 대월이 모교라는걸 자랑스럽게 생각할수 있게 되기를
바라며 열심히 공부하고 꼭 [redacted]가 하고 싶은 일을 하며 행복한 삶을
살아가는 우리 나라의 기둥이 되기를 바란다고 전해주세요

보낸사람 과학실험준비실: [redacted]
받는사람 6-2: 천경호(6-2)
참 조

선생님~~
정성스럽고 예쁜 크리스마스카드랑..
사랑스런 6-2반 아이들처럼 좋은 향기 가진 핸드크림 잘 받았습니다..
해마다 연말에 이렇게 감동을 주시네요..
따뜻한 선생님 마음에 진심으로 감사드려요~~
선생님도.. 6-2반 아이들도..
메리크리스마스~~~~~~~~~~ ^^

보낸사람 [redacted]
받는사람 6-2: 천경호(6-2)
참 조

선생님 안녕하세요 ^^

올해도 어김없이
저를 비롯한 급식실 식구들까지
모두 챙겨주셔서 너무 감사드립니다 ^^

매년 챙겨주시는데,
매년 학생들 내려오면 깜짝 놀라게 되네요 ^^;; ㅋㅋ

선생님과 학생들 덕분에
아침부터 신나게 웃으면서 기분좋게 스승의 날 맞이했습니다 ^^

(여사님들이 너무 기특해하고 보람있어 하셨습니다 ^^)

늘 진심으로 감사드립니다, 선생님 ^^

어느 해 5월 17일 급식조리 종사원에게서 넥타이 선물을 받았다(*남편 분이 공장에서 만든 것을 선물로 주셨다).

미를 일깨우기도 한다는 것을.

우리는 서로가 서로에게 얼마나 필요한 존재인지 모른다. 감사는 바로 그 연결감을 일깨운다. 세상에 하찮고 쓸모없는 일 따위는 없다는 것을, 당연히 해야 하는 일은 존재하지 않는다는 것을. 각자의 자리에서 자신에게 주어진 일에 최선을 다하는 타인이 존재하기에 우리의 삶을 지속할 수 있

다는 사실을 잊지 말아야 한다. 그 고마움에 보답하는 삶이야말로 우리 모두를 더 행복하게 만든다는 것을 아이들에게 가르치고 싶어서 해마다 스승의 날 특별 프로젝트를 한다.

교사 콘퍼런스와 자조집단 만들기

2020년에 박사과정을 마치고, 모든 교사가 맡기 힘들어하는 교무 일을 맡기로 했다. 그동안 공부를 핑계로 부장을 맡지 않았으나 후배 교사들에게 더 이상 민폐를 끼치고 싶지 않았다. 새 학기를 준비할 무렵, 코로나19 소식이 들려왔고 등교가 연기되었다. 조금 시간이 지나면 괜찮아질 것이라 생각했지만, 코로나19는 쉽사리 사라지지 않았다. 처음 맡은 교무 일을 전년과 같은 방식으로 하려고 했지만, 하필 코로나19 때문에 모든 것이 바뀌었다. 나쁜 점도 있지만 좋은 점도 있었다. 코로나 덕분에 많은 교육청 사업과 학교 행사가 취소되거나 연기되거나 폐지되었다는 점이다. 그야말로 수업에 충실한 학교 환경이 만들어진 것이다.

우리 학교는 학생 수가 적다보니 학생 수가 많은 학교에 비해 등교 수업이 빨리 재개되었다. 오랫동안 원격수업에 익숙해진 아이들이 학교에 오자, 그동안 불규칙했던 생활 습관의 영향이 그대로 드러나기 시작했다.

작은 학교의 교무를 맡다보니, 1, 2학년 안전한 생활과 3~6학년 체육을 내가 가르치게 되었다. 매주 전교생을 만나야 했기에 전교생의 이름을 외워야 했다. 저절로 학급 담임 교사와 아이들 이야기를 자주 나누게 되었다. 그러면서 각 반에 있는 어렵고 힘든 아이들 이야기를 함께 나누고 싶은 마음이 생겼다. 공개수업은 해도 공개생활지도는 하지 않는 학교에서 생활지도는 일종의 불가침 영역이다. 생활지도는 교사의 가치관이 드러나는 영역이기 때문이다. 따라서 잘못된 지도를 해도 교정해줄 타인이 없다. 어떻게든 서로의 생각을 드러내고 공유할 필요가 있었다. 그래서 생각한 것이 바로 콘퍼런스 겸 전문적 학습공동체(전학공)와 자조집단(교사가 겪는 공통 문제를 서로 이야기하고 격려하며 도움을 주고받는 모임)이었다.

사람은 누구나 자신이 하는 일을 의미 있고 가치 있다고 여긴다. 생각해보자. 누군가가 당신이 하는 일은 아무 의미 없고 하찮으며 언젠가는 기계가 대신해도 될 일이라고 말한다면 어떨까? 살아온 시간을 부정당하는 느낌이 들지 않을까? 교육이나 양육처럼, 사람을 가르치고 기르는 것이 가치 있는 일임을 확인하고 싶지만, 일의 특성상 즉각적이고 구체적인 결과가 잘 보이지 않는 일이 있다. 따라서 내가 하는 일이 아이를 잘 성장시키고 있는지 자꾸 의심하게 되고, 잘하고 있는지 확인할 길이 없는 교사나 부모는 때로 몸과 마음이 약해지는 결과를 초래하기 쉽다. 이를 상담에서는 돌봄 소진caring burnout이라고 부른다.

아이를 키우는 비슷한 보호자 집단이나 수업하고 생활지도하는 동료 교사 집단과의 교류가 거의 없는 경우는 더욱 소진에 빠지기 쉽다. 어려움이 많은 아이를 키우거나 그런 아이들을 여럿 가르치는 경우, 집안일 수행 정도나 자녀 성적 이외에는 관심을 못 받는 보호자나 수업 혹은 행정업무 이외에 동료 교사들로부터 다른 관심을 받지 못하는 교사의 경우, 소진 가능성이 더욱 크다. 점점 더 아이에게 집중하기 힘들어지고 무심하게 반응하게 될 가능성이 커지는 것이다. 보호자도 교사도 교육, 즉 가르치고 기르는 일의 의미를 찾기 어려운 환경에 놓여 있다는 뜻이다. 그래서 양쪽 모두에게 자조집단(모임)이 필요하다.

먼저 교사 자조모임을 살펴보자. 교사 개인이 모든 학생을 이해하기는 어렵다. 같은 나이에도 아이는 서로 다른 발달을 보인다. 키도, 몸무게도, 시력도, 지능도, 정서조절도, 사회성도, 음식 선호도도, 가정환경도 전부 다르다. 아이를 이해하는 만큼 적절한 지도가 가능하지만, 교사 개인이 모든 학생의 차이를 이해할 시간도 방법도 부족한 것이 현실이다.

모든 학급에는 학습에 어려움을 겪는 아이와 사회성에 어려움을 겪는 아이가 있다. 때로는 특수교육 대상 아동을 가르치는 통합학급을 맡기도 한다. 한 번의 면담과 한 장의 학생기초조사서만으로 아이를 온전히 파악하기는 어렵다. 동료 교사가 필요하다. 이전 담임 교사의 지도 경험, 다른 교과 교사의 이야기를 들어보며 아이들을 이해할 필요가 있다. 학교는 팀이어야 하는 것이다.

반 아이에 대한 교사 자신의 이해를 드러내는 것은 곧 학생을 대하는 교사의 태도를 알 수 있게 하고, 교사 자신의 전문성을 드러내기도 한다. 하지만 무엇보다 다른 교사의 관점을 접하고, 동료 교사의 전문성에 도움을 얻으면서 교사 집단 전체의 전문성이 높아지게 된다.

지난 2021년 교무부장으로 일하며 한 달에 한 번 교사 콘퍼런스를 실시했다. 콘퍼런스를 실시하기 전에 꼭 해야 하는 일이 하나 있었다. 그건 교사 간 자기개방이었다. 우리는 두 가지 질문에 대해 각자의 답을 이야기하고 나누었다.

첫째, 왜 교사가 되었는가?

둘째, 어떤 교사가 되고 싶은가?

이 두 질문은 교사로서 나 자신의 모습을 돌아보게 했다. 우리가 같은 일을 하는 사람임을 깨닫게 했다. 그저 옆 반 선생님이 아니라, 아이들을 잘 가르치려고 함께 노력하는 동료이자 동지라는 것을 느끼게 했다.

아이들 이야기를 하기 전에 모든 교사와 한 가지 약속을 했다.

'회의에서 알게 된 학생의 정보를 외부로 유출하지 말 것.'

의사가 환자의 개인정보를 보호하듯이, 상담자가 상담을 통해 알게 된 내담자의 정보에 비밀유지 의무가 있듯이, 교사 역시 특정 학생의 개인신상정보가 외부로 유출되지 않도록 비밀을 지켜야 할 책임이 있기 때문이다. 더불어 콘퍼런스에서 안전하게 이야기를 나눌 수 있어야 서로의 솔직

한 의견을 나눌 수 있기 때문이다.

각 반 담임 교사는 함께 의견을 나누고 싶은 아이들 이야기를 꺼냈고, 각자 돌아가며 보다 나은 지도 방식에 관해서 의견을 교환했다. 다수의 동료 교사 앞에서 자신의 교육적 의견을 꺼내다보니 주장의 근거가 필요했고, 그 필요 때문에 교사 학습동아리 참여도 역시 더불어 높아졌다.

하지만 무엇보다 제일 큰 효과는 다른 데 있었다. '교실 안에서 벌어진 일을 교실 밖으로 가져오지 말라'라는 학교문화 속에서 근무하다가, 내 일처럼 걱정하고 함께 고민하는 동료 교사 집단의 존재를 알게 되었다는 점이다. 모든 교사가 아이를 바라보는 시야가 넓어지고, 일종의 불가침 영역이었던 각 교실의 학생생활지도 방식을 스스로 드러내면서 함께 더 나은 지도 방식을 고민하고 실천할 수 있는 활기찬 문화가 만들어졌다. 서로가 서로를 지지해주는 동료가 되어준 것이다.

7장
학부모와 함께하는 교사

많은 학교에서 학부모를 대상으로 부모교육을 시행한다. 외부 전문가를 초청하고 장소와 시간을 학부모에게 안내하면 학부모는 정해진 장소와 시간에 맞춰와서 전문가 강의를 듣고 집으로 돌아간다. 강의에서 배운 대로 아이를 대하지만 한 번 노력했다고 아이가 쉽게 바뀌지는 않는다. 한 번, 두 번 전문가의 지도대로 실천한들 실패하기에 십상이다. 일관된 태도로 아이를 대하기란 여간 어려운 일이 아니다. 가까이에서 즉시, 자주 피드백을 제공할 전문가가 없기 때문이다. 그래서 보호자에게도 정기적으로 서로의 이야기를 나눌 자조집단이 필요하다.

교실에서 아이들끼리의 다툼은 피할 수 없다. 어른에 비해 미성숙한 아이들이 교실이란 하나의 공간에서 오랫동안 함께 지내려면 오해와 갈등이 반드시 생긴다. 함께 지낸 지 오랜 시간이 흐른 부모조차도 다투는데, 하물며 이제 만난 지도 얼마 되지 않은 친구들끼리 다툼이 생기지 않는다면 오히려 그것이 더 문제가 아닐까?

그 미성숙함이 내 아이만의 문제가 아니라는 것을 받아들이고 더 나은 방식으로 양육하기 위한 정기적인 도움은 어떻게 받을 수 있을까? 아마도 정기적으로 실시하는 공부모임에서 가능하지 않을까? 결국 부모교육보다는 오히려 부모교류가 모든 학부모에게 필요하지 않을까, 나는 생각한다.

학부모 공부모임 만들기

요즘도 많은 부모가 자녀양육에 대한 제대로 된 조언을 얻을 곳이 없다. 책이나 미디어에 수많은 양육 정보가 있지만, 내 아이를 이해하고 내 아이에 적합한 전문가의 조언은 쉽게 찾을 수 없다. 그래서 학부모와 함께하는 공부모임을 만들었다.

먼저 교장, 교감 선생님께 동의를 구했다. 정기적으로 학부모가 학교에 방문해야 하는 일이기에 취지를 충분히 설명해드렸다. 이어서 학부모회 업무 담당자를 통해 전교의 모든 학부모에게 공부모임의 일정과 방식에 대해 연락을 드렸다. 한 학기에 여섯 번. 2주 간격으로 2시간씩 계획했다. 한 학기에 책 2권씩 정해진 분량을 읽고 서로의 생각을 나누었다.

그때의 후기 6편을 통해서 학부모 공부모임의 운영 방법을 소개해보고자 한다. 시간이 지나면서 생기는 모임의 변화도 볼 수 있고, 어떤 주제로 토론할 수 있는지 조금이나마 시사하는 점이 있으리라 생각한다.

학부모 공부모임 후기 1차

10명의 학부모가 신청했다. 학기마다 여섯 번. 2주 간격으로 2시간씩 실시한다. "부담스럽지 않아요?"라는 질문을 많이 받았다. 부담이 없다면 거짓말이다. 다만 만나서 이야기하고 싶을 뿐이었다. 아이를 키우고 가르치며 무엇이 힘든지, 어떻게 하면 좋을지 서로의 얼굴을 맞대고 함께 고민해보고 싶기 때문이다. 학부모를 가르칠 생각 따위는 없다.

내가 지켜야 할 태도는 두 가지

- 당신의 아이를 모릅니다.
- 당신의 아이가 궁금합니다.

교사로서의 고민이 곧 부모로서의 고민일 것이라 생각한다. 학부모와 교사의 고민이 서로 다르지 않음을 확인하고 싶기도 하다. 학부모동아리 운영계획서를 쓰고, 공부모임 안내장을 만들고, 시간과 장소를 살펴보고, 안내문자를 보내고, 학부모회 업무 담당자를 만나고, 관리자들을 만나 설명해드렸다. 그렇다. 안 해도 되는 일을 만들어 하고 있는 것이다.

업무 때문에 바쁜데 왜 난 안 해도 되는 학부모 공부모임을 굳이 만들려고 할까?

아이들에게 큰 영향을 주는 사람은 친구다. 가장 가까이에 오래 있으니까. 하지만 친구는 바뀐다. 가장 오랫동안 영향을 주는 사람은 누구일까? 가족이다. 독립하지 않는 이상, 가족의 영향에서 벗어나기는 어렵다. 고작 1년. 아이들 곁에서 아무리 노력한다 한들, 아이들은 다시 가족의 품으로 돌아가기 마련이다. 학부모를 만나는 이유는 이 때문이다. 오지 않는 학부모가 더 많다. 하지만 가까운 이웃이 더 건강해지고, 더 훌륭해진다면 분명 그 영향을 받지 않을까 싶기 때문이다.

학부모 공부모임 후기 2차

10명이 신청했으나 5명이 참석했다. 학부모동아리 운영계획서를 냈으나 떨어졌고, 책은 각자 사기로 했다. 2주 후까지 50쪽 읽어오는 것을 과제로 내드렸다. 왜 공부모임을 시작했는지 설명했다. 교사가 학부모에게 갖게 되는 오해와 학부모가 교사에게 갖게 되는 오해를 서로 솔직하게 나누었다.

오해의 원인은 학교폭력법(이하 학폭법)이 중심이었다. 교사가 개입할수록 학폭법을 위반할 가능성이 커진다. 학부모는 자녀의 진로에 방해되는 가해 기록이 생활기록부에 남지 않도록 하기 위해 필사적으로 아이의 잘못을 인정하지 않으려는 상황이 생긴다. 이러한 상황이 교사로 하여금 중재하지 않도록 만들고, 모든 갈등과 다툼을 학폭위를 통해 해결하도록 하는 악순환에 빠지게 된다고 말했다. 결국 아이들은 화해하지 않고, 잘못을 뉘우치지 않고, 친구마저 잃어버리는 최악의 상황으로 흘러가는 것 같다고 했다.

교사도 학부모도 어찌할 수 없는 이 현실을 어떻게 넘어설 것인가? 이에 대한 논의는 우리가 함께 손을 잡는 방법 이외에는 다른 길이 없다는 것을 확인하게 했다. 이외에도 사춘기 자녀와의 의사소통, 중학교 수학 수업에 대한 불만, 학급에서 문제행동을 일으키는 친구와 자녀가 어떻게 지내야 할지 등 다양한 문제에 관해 이야기를 나누었다. 아이들과 함께하면서 경험한 사례에 관해 교육 이론을 바탕으로 풀다보니 아무래도 설명이 길어졌다.

2시간 동안 차 한잔 마시고, 과자 한 조각 먹어보지 못한 채 시간이 훌쩍 지나갔다. 자녀를 키우면서 여러 가지 고민을 마주하지만 물어볼 기회가 없었는데, 이런 자리가 생겨서 너무 좋다는 말씀을 들었다. 아무래도 관련 공부를 오래 한 내가 주로 설명을 하게 되었고, 함께한 동료 교사(자폐아동 담임 교사)가 보다 전문적이고 다른 관점에서 보충해줘서 교사 전문성에 대한 학부모의 신뢰가 조금은 높아졌구나 싶었다.

학부모 공부모임 후기 3차

오늘은 학부모 4명, 교사는 나 포함 3명이 함께했다. 시간을 낸다는 것은 어려운 일이다. 비가 오는 금요일, 책을 읽고 서로의 생각을 나눈다는 것은 그리 만만한 일이 아니다. 더구나 교사와 학부모가 한자리에 모이는 것은 더더욱 어렵다. 그래서 더더욱 나는 대단한 분들과 함께 서로의 시간을 나누었다고 생각한다.

다양한 아이들, 미성숙한 아이들, 어릴수록 빠르게 발달하는 아이들, 빠르게 진행하는 발달과정인 만큼 어릴수록 발달 차이가 큰 아이들, 미성숙한 행동으로 인해 자녀가 받는 고통에 아파하는 부모……. 우리는 정혜신 박사의 『당신이 옳다』(해냄)라는 책에 절절히 공감하고 생각을 나누었다.

아이들에게 정말 공감해주고, 옳다고 해주면 변화가 시작되느냐는 질문이 있었다. 잘못된 행동을 옳다고 해도 될까, 회의를 토로하는 학부모도 있었다. 나는 감정의 타당화(나와 상대의 감정을 인정해주는 일)를 제기했다. 당신이 느끼는 감정은 옳다고. 감정은 받아주고, 행동은 스스로 조절하도록 주도권을 주는 것이 아이들을 '자기조절'로 이끄는 방식인 것 같다고 말씀드렸다.

교우관계에서 자녀가 느끼는 반복되는 소외감, 친한 친구의 의도적 배제 때문에 아이가 겪는 고통에 함께 아파하는 학부모가 있었다. 다른 학부모들도 이런 경험을 공유하고, 새로운 관계 경험과 학교 생활의 또 다른 긍정적인 영역에 시선을 갖도록 아이에게 질문해보라는 조언도 나왔다. 집단이 갖는 힘이 아닐까 싶었다. 이 조언이 도움이 되었는지 2주 후에 확인해보자고 이야기를 나누었다.

글쓰기 지도를 예로 들어, 평가와 교과에 관한 이야기도 나누었다. 나는 생각이나 감정을 글쓰기로 표현하는 것이 즐거워야 하며, 글의 내용보다 글씨체나 맞춤법 띄어쓰기를 중시해서는 안 된다고 말씀드렸다. 다들 이상적인 생각이라고 했다. 문제는 평가였다. 글씨 잘 쓰는 아이가 수행평가 점수가 높다, 학교 수업은 혼자 해도 괜찮은 것 같은데 수능이라는 것에서 전국의 아이들과 겨루려면 학원 교육이 필수다, 학부모들은 이렇게 이야기했다. 중고등학생 자녀를 둔 학부모 대부분이 이 공포에서 벗어나지 못하는 것 같다.

뭐 교사라고 다른 대안이 있을까만, 소위 사람들이 높이 평하는 좋은 대학에 들어가는 것이 중요한지, 아니면 아이가 자신의 생각을 글로 표현하는 것을 즐거워하고, 이를 평생 자기표현 수단 중 하나로 획득하는 것이 중요한지 생각해보자는 말씀을 드렸다.

부모의 손을 떠난 후에도 자기 삶에 만족하고, 일과 삶에 대해 자기만의 의미를 찾아 행복한 삶을 영위한다면 그 정도까지가 교육이 해야 할 일이 아닐까? 좋은 대학이라는 이름을 얻기보다 평생 행복하게 살아갈 힘을 갖도록 하는 것이 내가 생각하는 교육의 목적이기 때문이다.

공개수업 시 이루어지는 발표 이야기도 나왔다. 나는 아이들이 꼭 일어서서 또박또박 발표하는 것이 중요한지 물어보았다. 보통은 사회에 나가 면접 볼 때를 떠올리는지, 학교에서 하는 발표가 예행 연습인 양 학부모들은 말했다. 교과목 중에는 표현 교과가 많다. 국어, 영어, 음악, 미술, 체육 같은 교과가 그 예시다. 언어로, 소리로, 이미지로, 신체로 제 생각이나 느낌을 표현한다. 자신을 적절히 표현할 수 있는 방법을 익힌 아이일수록 행복할 가능성이 크다. 자기이해, 자기인식이 높을 가능성이 크기 때문이다.

여러 사람 앞에서 큰소리로 또박또박 말하기를 예로 들어보자. 이는 성인에게도 어려운 과제다. 40대 후반이 되어도 여전히 많은 사람 앞에서 이야기할 때 심장이 쿵쾅거리는데, 하물며 아이들은 오죽할까. 그래서 서서 발표하기도 하고, 앉아서 말하기도 하고, 때로는 글로만 표현하기도 한다. 중요한 것은 제 생각이나 느낌을 자신의 말로, 글로 표현하는 것이다.

아쉽지만 2시간이 순식간에 지나갔다. 함께한 교사가 모임 진행에 대해 피드백을 주었다. 교사인 내가 주로 설명하게 되는 것 같다고 했다. 아무래도 관련 공부를 오랫동안 많이 해서인 것 같다. 그래도 함께 시간을 나누고, 고민을 털어놓으며 더 깊이 생각해보고, 서로에 대한 작은 오해를 신뢰로 바꿀 수 있는 기회가 되고 있었다.

학부모 공부모임 후기 4차

3차 모임 후기는 미루다가 잊어버릴 뻔했다. 게으름 때문이다. 4차 모임 기억도 흐릿해지고 있어 조금이라도 기록을 남겨본다. 4차 모임을 마지막으로 정혜신 박사의 『당신이 옳다』 책을 끝냈다. 지난번 모임에서 과제를 하나 내드렸다. 바로 『묘비명 글쓰기』(윌리엄 워즈워스 외, 동명) 책이다.

한 줄짜리 묘비명을 나누는 시간이다. 내 묘비명을 미리 말하지는 않았다. 각자의 고민이 담긴 이야기가 중요했기 때문이다. 덕분에 들으면서 참 훌륭한 사람들과 함께하고 있다는 것을 알게 되었다.

-누군가에게 단 한 사람이 되어 떠나다.

-사랑해. 사랑한다. 사랑합니다.

-아름다운 이 세상 잘 다녀갑니다.

-두 아이의 엄마여서 행복했습니다. 세상에 감사합니다.

-열심히 살았다. 두 딸에게 감사하다.

-사랑하고 사랑받다 갑니다.

이전 책은 다 아는 이야기라서 감흥이 없었다는 학부모가 드디어 자신을 위한 책인 것 같다고 말했다. 실패하거나 좌절해도 돌아갈 곳이 필요하다는 것을 이 책을 통해 알게 되었다고 했다.

토론을 들으면서 나는 내내 진로교육과 영재교육에 관해 생각했다. 하루라도 빨리 진로를 결정하는 것이 정말 중요한가? 과연 어린 시절에 자신의 진로를 결정한 아이들은 100퍼센트 자신의 결정일까?

실패가 훤히 내다보이는 아이의 결정. 아이의 결정을 존중하는 부모의 태도. 어쩌면 이 점이 중요하지 않을까 하는 생각이었다. 걸음마를 배우는 아이가 넘어질 것을 뻔히 알면서도 박수를 치고 응원하던 시절이 있다. 아이가 인생에서 마주하는 시련에 넘어질 것을 알면서도 스스로 일어설 수 있도록 지켜봐주고 응원하는 태도가 필요하다고 새삼 생각했다.

새로이 참여하는 학부모도 생겼다. 점차 교사와 학부모가 아이와 함께 어떻게 성장해야 하는지를 고민하는 자리가 되고 있었다. 횟수를 더할수록 자신의 깊은 이야기를 조금씩 더 꺼내놓고 있다.

용기를 내고 자신의 마음을 열지 않으면 상대방 역시 마음을 닫는다는 것을 확인하게 된다. 아이들을 향한 교사의 진심이 학부모의 마음을 여는 열쇠가 되고 있음을 느끼고 있다.

인상 깊은 구절을 나누고, 이에 대한 이론적 설명을 더하며, 각자의 삶을 예로 들어 생각을 나누게 된다. 이런 과정이 아이들은 물론, 자신에 대한 이해도 높이게 되었다고 한 학부모가 말했다. 나 역시 마음속 깊이 동의했다. 서로의 삶은 다른 듯 닮았고, 닮은 듯 서로 다르다는 것을 매시간 느끼고 있다. 그렇게 사람을 바라보는 관점을 얻게 되는 것이 아닐까.

과제를 하나 더 냈다. 물론 과제 발표는 교사인 내가 먼저 한다. 나를 열어 보이는 것이 상대의 마음을 여는 열쇠가 될 테니까. 어느새 공부모임도 두 번 남았다. 5차에는 서천석 박사의 『아이와 함께 자라는 부모』(창비)를 완독하고 만나기로 했다. 시간이 갈수록 학부모가 책을 읽는 속도도 빨라지고 있다. 아마 공부 욕심이 생기는 것 같다. 덕분에 나도 욕심이 커지고 있다. 더 깊이, 더 넓게 이야기를 나누고 싶어진다. 더 노력하고, 고민하는 교사가 되어야겠다.

학부모 공부모임 후기 5차

어제도 학부모와 함께하는 공부모임이 있었다. 다들 책을 읽는 재미가 있었는지 더 많은 책을 읽고 싶다고 했다. 그래서 4차와 5차 사이에 3주간에 걸쳐 서천석 박사의 『아이와 함께 자라는 부모』를 다 읽었다.

먼저 한 어머니가 던진 질문으로 시작했다.

"교육은 현실과 다르지 않습니까?"

한 아이가 친구들이랑 축구를 한다. 축구를 하려면 당연히 달려야 한다. 달리면 호흡과 맥박이 빨라지고, 평상시보다 더 감정적으로 반응하는 상태가 된다. 미성숙한 아이들이 더 미성숙해지는 장면이 드러나는 순간이다.

축구를 하다보면 어깨싸움을 하게 된다. 몸과 몸이 부딪치는 것이다. 이때 감정이 상하기 쉽다. 싸움은 이기는 자와 지는 자가 생기기 마련이다. 밀린 아이는 자신을 공격한다고 여기고 태클을 한다. 공이 아니라 다리를 향해. 공을 가진 아이는 자신의 다리를 향해 태클했다고 파울을 외친다. 왜 다리를 차인 아이가 파울이라고 외쳐야 했을까? 심판이 없기 때문이다. 태클한 아이는 파울이 아니라고 외친다. 자신의 무의식은 다리를 향했으나 의식은 공을 향했다고 말할 테니까.

확인할 길이 없다. 양쪽 모두 심증만 있고, 물증이 없다. 카메라로 아이들이 축구하는 모든 장면을 촬영할 순 없다. 대신 목격자는 있다. 문제는 여기다. 태클을 한 아이와 태클을 당한 아이. 두 아이를 변호하는 친구들이 나선다. 집단으로 서로를 향해 비난하는 순간, 스탠드에서 이 장면을 관람하던 관객들이 교실로 올라와 내게 상황을 설명해주었다. 제3자 입장에서는 분명히 의도가 보이는 태클이었다고. 하지만 증거가 없다.

운동장으로 내려갔다. 태클을 당한 아이는 보건실로 갔고, 태클을 한 아이는 운동장에 남아 있었다. 상황을 물었다. 아이는 순순히 말했다. 하나만 빼고. 일부러 찬 것은 아니라고 말했다. 아이에게 물어봤다. 넘어진 친구에게 사과했는지. 안 했다고 한다. 자신의 잘못을 지적하는 친구에게 사과한다는 것은 자기 잘못을 인정하는 일일 테니까. 자신은 타인을 일부러 공격하는 사람이 아니라는 말일 것이다. 친구와 함께 축구를 계속하고 싶다면 진심으로 사과하는 것이 자신을 위한 일이자, 친구를 위한 일이라고 이야기했고, 아이는 받아들인 듯했다.

그리고 바로 어제, 태클한 아이가 한 말을 전해 들었다. 자신이 정말 잘못했으면 선생님이 크게 야단을 쳤을 것이고, 그럼 속상해서 집으로 갔을 것이라고 말이다. 잘못하지 않았으니 선생님이 조용히 말로 이야기했고, 자신은 운동장에 남아 있었다는 것이다. 크게 혼이 나야 잘못했다고 여기는구나. 그 이유가 무엇일까? 스스로 잘못했다고 여기고 죄책감을 느끼지 못하는 이유가 무엇일까? 교사이자 부모로서 생각해봐야 할 지점이었다.

태클을 당한 아이 어머니의 질문은 이것이다. "내가 너무 남에게 배려하고 살라고 해서 아이가 자꾸 당하고 오는 것 같아요. 어떻게 해야 할까요?

가만히 있으면 안 되지 않나요?"

어려운 질문이었다. 학교란 때리고 싶어도 때리지 않기 위해, 욕하고 싶어도 욕하지 않는 사람이 되기 위해 다니는 거라고 가르치는 것이 과연 옳으냐는 질문 같았기 때문이다. 자신을 함부로 대하는 사람에게 존중하는 태도를 유지하는 일이 옳은가? 아니, 가능한가? 이렇게도 들렸다.

그래서 이날은 미성숙이라는 주제를 다루었다. 미성숙이 드러나는 순간에 대해서다. 실수란 미성숙과 연결되고, 그것을 알아차리게 돕고 더 나은 행동을 알려주는 것이 교사와 부모가 해야 할 일이 아닌가 하는 내 의견을 말했다.

이후에는 책에서 자신에게 가장 와닿은 구절을 나누고 그 까닭을 각자 소개했다. 아이의 옆에서 걷는 부모 혹은 뒤에서 지켜봐주는 부모가 되는 것(아이의 자율성), 교육도 양육도 사람을 기르는 일이라는 것, "사랑해"라고 표현하는 일의 중요성, 아이는 아이의 삶을, 부모는 부모의 삶을 살아가야 한다는 것에 관해서 서로 이야기했다.

하지만 무엇보다 놀라웠던 것은 자기개방이었다. 아이를 갖고 싶었으나 갖지 못한 사람으로서 공부모임 참여에 망설였던 마음. 자신의 약점이라고 여기는 이야기를 꺼냄으로써 조금은 자신을 수용하려는 한 참여자의 모습에 우리 모두의 마음이 움직였다. 얼마나 큰 용기를 냈을지, 자신이 원했던 부모로서의 삶을 겪지 못하는 절망에 대해 누구에게 이야기할 수 있었을지……. 그런데도 이 자리에서 내면의 깊은 상처를 꺼내준 용기에 마음 깊이 다짐하게 되었다. 좋은 벗이 되자고.

또 한 번 놀라운 장면이 있었다. 한 학부모는 세 아이의 엄마로, 그동안 아이들에게 사랑한다는 표현을 제대로 하지 못했다고 했다. 바쁜 직장 일로 여유가 없었다. 지난 주말, 자녀들이 어릴 적 동영상을 보며 깔깔대는데 언뜻 자신의 모습이 화면 저 구석에 보였다고 했다. 우울한 표정으로 쪼그려 앉아 아이들을 지켜보는 예전 자신의 모습을 깨달았는데, 아마 바쁜 일상의 일로 다시 예전처럼 돌아가는 요즘의 자신이 화면에 비친 것 같아 눈물이 나는 게 아닌가, 자신의 마음을 말했다.

마지막으로 "사랑해"라고 말하고 꼭 안아주기, 이 한 가지 과제를 매일 실천하고 2주 후 소감을 함께 나누기로 했다. 교육이 현실을 바꾸는 힘이 될 것이라는 믿음을 확인하고 싶었기 때문이다.

다음 모임은 1학기 마지막 공부모임이다. 『10대의 뇌』(프랜시스 젠슨 · 에이미 엘리스 넛 지음, 웅진지식하우스) 4장까지 읽고 만나기로 했다. 모임이 끝나면서 학부모들이 이런 말을 했다. 점점 공부모임이 기다려진다고. 함께하는 학부모들과 교사들 덕분이라고 생각했다.

학부모 공부모임 후기 6차

어느새 1학기 마지막 모임이 되었다. 『10대의 뇌』 4장까지 함께 공부하고 생각한 것을 나누는 시간이었다. 처음에는 교사인 내가 1~4장까지 전반적으로 중요한 내용을 정리해서 발제했다. 우리가 생각해야 할 것은 크게 두 가지다. 첫째, 스스로 생각할 기회를 제공할 것. 둘째, 친밀한 관계를 맺어둘 것. 사실 여기서 선후관계를 따지면 관계가 먼저다. 앞서 설명한 것처럼, 청소년은 정서가 불안할 가능성이 크기 때문이다. 편도체가 진정되어야 단기 기억을 장기 기억으로 넘기는 해마와 조망·통찰과 관련된 피질이 활성화된다.

여기서 잠깐 애착이라는 주제도 다루었다. 아이는 말문이 트이기 전에는 주로 감각을 통해 관계의 질을 파악한다. 이때 감각은 정서와 연동되고, 이와 관련된 편도체는 정서기억의 형태로 자리한다. 언어화되지 않은 정서기억. 이것은 사고의 경로를 결정짓는다. 그것이 애착의 형태이고, 애착의 형태는 타인을 대하는 아이의 태도에 강력한 영향을 미친다.

주양육자와 맺는 초기 애착 경험은 타인을 대하는 태도와 연결된다. 더하여 아이들이 보이는 행동 양식을 설명하기 위해 코르티솔이라는 스트레스 호르몬 이야기를 해야 한다. 코르티솔은 적절한 긴장을 일으키고 주의집중에 도움이 된다. 하지만 뭐든지 지나치면 나쁜 법. 높은 수치의 코르티솔에 장시간 노출되면 여러 가지 악영향이 나타나는데, 그중 하나가 충동조절에 취약하게 된다는 점이다.

코르티솔 분비와 관련된 부위로 글루코코르티코이드glucocorticoid 수용체라는 곳이 있다. 이는 자동차의 브레이크와 같다. 코르티솔 분비가 멈추어도 되는 순간에는 멈추고, 분비해야 할 순간에는 분비되도록 하는 부위가 이 수용체다. 하지만 장시간 높은 수준의 스트레스 상황에 노출된 아이들은 이 부위가 작아진다. 다시 말해서 오토바이크에 쓰이는 브레이크가 대형트럭에 장착된 셈이다. 따라서 브레이크는 수시로 파열된다.

그럼 한번 장착된 브레이크는 바꿀 수 없을까? 있다. 이걸 애착 이론에서는 '획득된 안정애착'이라고 부른다. 높은 스트레스 상황에서 벗어날 기회를 제공하는 것으로, 바로 학교, 친구, 교사와 친밀한 관계를 맺는 경험을 하는 것이다. 하지만 어렵다. 이유가 무엇일까?

앞서 설명한 대로 스트레스에 노출된 아이는 타인을 대하는 태도가 공격 또는 회피 반응이 주를 이루기 때문이다. 자신보다 약한 사람을 공격하고, 강한 사람 앞에서는 순종하는 아이, 혹은 타인의 어떤 행위에도 반응을 보이지 않으며 자신의 세계에 들어가버리는 아이를 떠올려보자. 친구들은 이런 아이를 학교폭력 가해자 혹은 따돌림의 대상으로 여기기 쉽다.

이런 아이를 어떻게 대해야 할까? 첫째, 스스로 생각할 기회를 제공할 것. 둘째, 친밀한 관계를 맺을 것. 이 중 두 번째가 먼저 학부모와 교사가 해야 할 일이라고 말했다.

이와 관련해 〈서천석의 행복한아이연구소〉(아동청소년과 그 부모를 위해 정신건강서비스와 심리치료를 제공하는 연구소) 포스팅 내용 일부를 소개했다.

- 아이가 집에 왔을 때, 또는 나갈 때 악수나 가벼운 포옹하기.
- 밥을 먹으면서 그날 가장 좋았던 일, 웃겼던 일에 관해 이야기하기. 때로는 짜증 나는 일을 말할 수도 있음.

- 아이와 함께 대중가요 불러보기, 또는 아이가 부르는 것을 들으며 박수쳐주기.
- 가볍게 산책하면서 편의점에서 음료수 사 먹기
- 탁구, 배드민턴, 볼링, 캐치볼, 자전거 타기, 스트레칭 등 가벼운 운동 함께하기.
- 화장에 관심이 있다면 서로 화장해주기 또는 옷 입으며 스타일링하는 것 봐주며 칭찬하기.
- 같이 보드게임이나 디지털게임 즐기기.
- 함께 식물이나 반려동물을 키우며 그에 관해 대화 나누기. 또는 동네를 거닐면서 변화하는 자연에 관해 이야기 나누기.
- 영화나 드라마를 같이 보면서 또는 보고 난 후 수다 떨기. 각자가 좋아하는 유튜브 클립을 같이 보는 것도 좋음.
- 팥빙수나 떡볶이, 치킨 등 소박한 맛집 찾아서 먹으러 가기.

아울러 몇 가지 내용을 더 다뤘다. 이를테면, 친밀함을 나타내는 스킨십이 필요하다는 제안 같은 것이다. 30~45센티미터라는 사적인 영역을 오고 가는 경험은 심리적 거리감을 줄여준다. 가장 좋았던 일, 웃겼던 일을 물어보는 것은 미국 펜실베이니아대학교 리질리언스 프로그램에서도 소개하는 방법이다. 과거를 떠올리면 안 좋은 일부터 이야기하는 편향 때문이다.

또한 노래는 정서적 교감을 느끼기 쉬운 도구다. 아이가 좋아하는 노래에 관심을 기울이는 부모의 태도는 존중의 신호다. 나머지 내용은 두 가지 관점으로 정리해볼 수 있다. 하나는 자녀와의 상호작용이고, 하나는 함께 신체적 활동을 한 후 정서적인 상호작용을 시도한다는 점이다. 집에서 배달앱으로 음식을 주문하는 것이 아니라 맛집에 찾아가고, 동네를 거닐며 똑같아 보이는 일상에도 단 한순간이라도 같은 순간이 없다는 것을 알아차리도록 도와주는 장면은 한 번에 한 가지 활동이라는 주의력 향상 원칙에도 부합한다.

다음으로 생각하기다. 질문이 중요한 이유라고 해야겠다. 아이의 생각을 묻는 것이 중요하다. 어떻게 생각하는지, 왜 그렇게 생각하는지, 더하여 아이의 결정을 존중하고 따라주는 일에 관해서 서로 이야기를 나누었다.

왜 이런 공부를 하는 것이 중요할까? 이런 공부를 한다고 아이가 금방 바뀔까? 아니다. 그렇지만 아이를 이해할수록 양육 혹은 교육과정에서 받게 되는 스트레스의 양이 줄어든다. 아이의 성장을 기다려줄 수 있고, 더 나은 방식의 양육 태도를 선택할 수 있기 때문에 우리가 공부해야 한다고 강조했다.

마지막으로 좋았던 기억을 나누는 활동도 했다. 한 선생님은 의존적이고 아무것도 하지 않던 아이가 스스로 과제를 해내는 순간을 촬영해, 이때의 감정을 나누었다. 음악을 극도로 싫어하던 아이가 학교 학예회에서 1시간 반 동안 멋지게 사회를 진행한 순간도 누군가에게서 나왔다. 또 한 학부모는 양육 스트레스로 극도로 힘든 순간에 갑자기 찾아온 시어머니에게서 받은 고마움과 격려가 지금도 잊히지 않는 소중한 추억이라고 떠올렸다. 혼자서 아이 키우느라 고생하고 있다는 것을 잘 알고 있고, 그래서 고맙고

미안하다고 말했는데, 그 한 마디에 확 마음이 가벼워졌다고 했다.

지난번에 자녀에게 아침저녁으로 "사랑해"라고 말하고 포옹한 후 소감을 말하기로 한 학부모는 출장 때문에 메시지로 참여를 대신했다. 자신이 "사랑해"라는 말을 빼먹으면 자녀들이 해달라고 했다며 너무 좋았다고 했다. 이번 모임에서 남편을 만난 지 27년 만에 처음으로 "사랑해"라고 말했다고 고백한 학부모가 있었다. 남편이 너무 좋아했다고 했다. 사람은 누구나 자신의 마음을 읽어주는 사람을 좋아하는구나, 그래서 대화가 중요하구나 싶었다.

교장 선생님이 우리 모임에 샌드위치와 음료수를 챙겨주었다. 2학기 공부모임은 『10대의 뇌』 남은 부분과 미국의 아동발달학 교수 매리언 울프 Maryanne Wolf의 책 2권으로 진행해보려고 한다. 서로 속 깊은 이야기를 더 편안하게 꺼내놓고, 함께 성장할 수 있는 공부모임이 되도록 노력해야겠다.

학부모교육의 필요

학부모 공부모임을 통해 정기적인 부모교류의 장을 만들어놓아도 모든 부모가 참여하기는 불가능하다. 그래서 교실에서 담임 교사가 할 수 있는 학부모교육을 꾸준히 하고 있다. 아동학대 대다수는 주양육자에 의해 발생한다. 많은 사람이 부모교육은 꼭 필요하고 의무적으로 받아야 한다고 말한다. 부모교육을 받게 하는 것이 학대가정을 예방하는 길이라는 것이다.

과연 그럴까? 세대 간 교류는 물론 세대 내 교류도 크게 줄었다. 사람과 사람을 잇는 친밀한 관계의 수 자체가 크게 줄었다는 뜻이다. 가족의 수도 줄고, 친척은 물론 이웃과의 왕래도 사라졌다.

과거에는 아이들이 등교하면 동네 어머니들이 모였다. 서로 언니 동생 하며 자녀양육을 비롯해 여러 가정사에 대한 고민을 털어놓고 조언을 구하는 자생적인 자조집단이 존재했다. 하지만 지금은 맘카페가 그 역할을 대신한다. 예전의 동네 엄마모임이 주던 장점, 즉 즉시, 자주, 가까운 간격을 직접적으로 제공해온 여러 자녀양육 선배의 노하우가 담긴 피드백이 사라진 것이다.

내 아이와 비슷한 또래 자녀를 둔 부모를 만나기도 어렵다. 학교가 아니고서는 불가능에 가깝다. 자녀를 키우며 겪는 고충을 나눌 자리는커녕 어려움을 털어놓을 대상이 전무하다.

의지할 데라고는 미디어 속 전문가뿐이다. 〈요즘 육아—금쪽같은 내 새끼〉라는 TV 프로그램 출연자 오은영 박사 이야기를 금과옥조로 여기는 학부모들의 모습은 어쩌면 양육을 가까이에서 보고 배우고 나눌 타인의 부재에서 생긴 게 아닐까 생각한다.

그러기에 교육이 종료되면 관계도 종료되는 부모교육보다, 교육이 끝나도 관계가 지속되는 부모교류가 필요하다고 항상 생각한다. 바로 이 지점에서 학교의 학부모회 역할이 중요하다는 생각으로 이어지게 된다.

그런데 교류조차 할 수 없는 보호자를 위한 일은 무엇이 있을까? 그래서 생각한 것이 그들에게 매주 양육 팁을 전하는 일이었다. 앞서 소개한 서천석 박사의 『아이와 함께 자라는 부모』 책 일부를 발췌해 안내한 적도 있다. 예를 들면 아래와 같은 문장이다.

문제는 실패가 아닙니다. 어떻게 실패를 경험하는지가 중요합니다. 부모가 아이의 성공을 하찮은 것, 누구나 다 이루는 것, 별로 중요하지 않은 것이라고 치부한다면 아이는 근면성을 더 강하게 만들 기회를 얻지 못합니다. 아이가 즐겁게 시험을 보고, 새로운 지식을 배우는 기회로 시험을 여긴다면 시험은 도움이 됩니다. 인생 전체를 놓고 볼 때 수학 문제를 실수 없이 풀어내는 것. 영어 단어 하나를 외우는 것은 너무나 작은 의미일 뿐입니다.

모든 부모는 자신의 자녀를 잘 키우고 싶어 한다고 나는 믿는다. 하지만 잘 키우는 방법을 배울 곳이 없다. 배울 시간도 없다. 가만히 앉아서 현실의 벽에 가로막혀 괴로워하는 아이 부모들을 비난하기보다 교사로서 더 나은 부모가 될 수 있는 방법을 알려드리는 것이 낫다고 생각한다. 그래서 매주 한 가지씩 자녀양육에 관한 팁을 주간학습 안내를 통해 보내드린다.

학부모 편지 보내기

앞서 담임 소개서에서 썼듯이, 매달 나는 학부모 편지를 보내려고 노력한다. 학부모 입장에서 생각해보면, 내 아이가 학교에서 어떤 선생님과 무엇을 배우는지 모른다. 모르기 때문에 자기 경험을 근거로 학교와 교실을 판단할 때가 많다. 모르니까 알 수 없고, 알 수 없어서 믿지 못한다. 아래의 학부모 편지 예시에서 보듯이, 수업 내용과 수업 방법을 결정한 근거와 취지, 아이들 각자가 기울인 노력을 기록해서 안내한다. 내 아이가 어떤 수업을 받고 있는지, 학교 생활에 얼마나 적극적으로 참여하는지 알리기 위해서이기도 하고, 정해진 기간에만 이뤄지는 학부모 상담 대신 간단한 메시지 소통만으로도 학부모 의견을 들을 수 있는 상시적인 통로를 만들기 위해서다.

"지은을 최고로! 보은을 제일로 모든 일에 함께 노력하자"

6-2 부모님께 보내는 편지	제2022 - 1호

1. 4월에는 학부모 공개수업이 있었습니다.

타인의 입장에서 생각하고 느껴보도록 하는 것이 공감 능력은 물론, 자기조절, 과제 수행의 성취 정도에 영향을 미친다는 연구가 많습니다. 친구관계에서 어디까지 친구의 말과 행동을 수용하고, 보다 나은 관계 형성을 위해 어떤 노력을 해야 하는지 아이들 스스로 고민하고 판단하고 실천해보도록 하고 싶었습니다. 교사가 정답을 말하기보다 아이들 스스로 해답을 생각해보도록 하기 위해 글로 써보게 하였습니다.

국어 수업은 대부분 제가 온책읽기를 통해 읽어줍니다.

문자언어를 음성언어로 변환하는 에너지를 제가 대신함으로써 아이들은 음성언어를 의미언어로 변환해 마음속으로 장면을 떠올려보게 합니다. 같은 장면을 모두가 함께 공유하고, 공유한 장면에 대해 서로 다른 생각과 느낌을 나누는 것이 학생 개개인이 가진 사고의 틀을 확장시키기 때문입니다. 더불어 단원별로 알아야 할 교과 지식을 단순히 기억하는 데 그치지 않고 책 이야기로 가져와 해석해보도록 함으로써 교과 지식이 우리의 삶과 얼마나 밀접한 관련이 있는지 생각해보도록 하고 있습니다.

2. 매시간 주어진 과제를 완성하도록 하되, 어려운 과제는 저나 같은 반 친구들과 협력해 풀어보도록 지도하고 있습니다. 특히 사회 수업은 잘 정리된 내용을 제가 일방적으로 알려주기보다, 해당 차시의 교과 내용을 아이들이 스스로 정리하고, 정리한 내용을 다시 우리 일

상으로 가져와 이야기로 재접근하거나, 제가 준비한 영상과 PPT로 재정리해 입력-인출의 과정을 통해 기억-이해, 이해-기억의 패턴으로 학습하도록 지도하고 있습니다.

3. 모두의 바람으로 세 가지 목표를 설정했습니다. 첫째, 8시 50분까지 모두 등교하기, 둘째 모두 글그릇 키우기 하기, 셋째 모두 C&C 실천하기입니다. 앞으로 남은 148일 동안 모든 아이가 각자의 목표를 한 명도 빠짐없이 실천해보는 경험을 만들고 싶기 때문입니다.

4. 매월 M.I.P(가장 노력한 학생)를 선발하고 있습니다. 3월에는 이○○, 이○○, 신○○ 학생 순으로, 4월에는 황○○, 김○○, 신○○ 학생 순으로 노력한 결과를 재어보았습니다. 크게 다섯 가지 분야로 C&C, 으쓱(학급앱 칭찬 횟수), 글그릇 키우기, 수학 박사, 시 암송입니다. 매일 자기성장을 위해 스스로 얼마나 노력하는가가 중요하기에 C&C와 글그릇 키우기가 가장 많은 점수 비율을 차지합니다. 노력의 1등이 된 학생에게는 담임 상장과 부상을, 2등과 3등인 학생에게도 작은 선물을 주고 있습니다. 아이들이 각자 자신의 성장을 위해 스스로 노력을 경쟁하는 절차탁마의 교실이 되도록 많은 관심과 격려를 부탁드

립니다.

5. 부모님 의견

학부모 상담하기

저경력 교사 시절, 나는 학부모 상담을 하면 아이의 수업 태도, 학업성취, 교우관계 등을 설명하고 가정에서 협조해줄 부분에 대해 말씀드렸다. 하지만 담임 교사인 내 부탁을 잘 들어주는 보호자를 만나기는 어려웠다. 나는 아이를 지도하거나 챙겨주지 않는 학부모에게 불만이 쌓였고, 학부모는 내 아이의 부족함을 지적하고 교사 자신이 할 일을 보호자에게 미룬다며 내게 불만이 쌓였다.

나이가 들고 경력이 쌓이면서 하나 알게 된 것이 있다. 아이도 보호자도 각자 자신이 할 수 있는 한 최선을 다해 하루하루를 살아가고 있다는 사실이다. 나 역시 이 이상은 못하겠다 할 만큼 최선을 다해 살고 있으니까. 최선을 다해 살아가는 보호자에게 이것도 봐달라, 저것도 챙겨달라고 부탁하기가 미안해졌다. 그래서 늘 상담 마지막에 "하루 한 번 아이를 안아주세요"라고 부탁드린다. 포옹은 고된 일상에서 얻게 된 높은 수치의 코르티솔을 낮춰주기 때문이다. 아이도 보호자도 함께.

신뢰와 불신 사이에서

애착, 라포, 믿음. 이 세 단어를 하나의 낱말로 표현한다면 신뢰가 아닐까? 처음 만나는 사람의 말을 따르는 일이 쉬울까? 어린아이가 '교사'라는 권위를 가진 타인을 신뢰하게 하려면 교사는 어떻게 해야 할까?

엄마와 자녀 사이에 애착이 형성되려면 얼마나 함께 지내야 할까? 연구에 따르면 3~6개월 정도 걸린다고 한다. 24시간 함께 지내는 엄마와 건강한 애착을 만드는 데 필요한 시간이다. 하물며 낯선 타인이자 자신보다 어른인 교사 혹은 자신의 부모보다 나이 많은 교사와 신뢰할 수 있는 관계를 만드는 것은 얼마나 어려운 일이겠는가.

건강한 애착을 가진 아이는 교사에게 호감을 표시하며 서로 신뢰할 수 있는 관계를 맺는 데 적극적이다. 더구나 학령기에 도달한 아이는 점차 부모보다 교사와 함께 지내는 시간의 양이 많아진다. 학교에서 부모가 아닌 어른과 신뢰관계를 맺는 경험을 하는 것이다. 함께하는 시간의 양이 교사와 학생의 신뢰관계 구축에 결정적 영향을 미치기 때문이다.

하지만 부모는 다르다. 부모는 교사를 모른다. 학교교육과정 설명회에서 보여주는 담임 소개와 1, 2학기마다 실시하는 학부모 공개수업, 그리고 학부모 상담 주간 이외에 직접 만날 시간이 없다. 만나서 대화할 시간이라고는 고작 학부모 상담 주간뿐이다. 이마저도 시간의 제약이 있다. 고작 30분 남짓이다. 과연 학부모는 어떻게 교사와 신뢰를 구축할 수 있을까?

어디에 집중해야 할까?

학부모가 교사에 대해 알 수 있는 통로는 학생뿐이다. 학생의 말과 행동이 학부모가 교사를 판단하는 모든 근거의 알파요, 오메가다. 아이가 교사를 어떻게 바라보느냐가 학부모가 교사를 신뢰하는 근거가 되는 셈이다. 그렇다면 교사는 어떻게 학생과 신뢰관계를 만들 수 있을까?

교육의 목적은 학생의 성장이다. 학생의 성장은 신체·인지·정서의 고른 발달을 의미한다. 신체발달은 특별한 전문 지식이 없어도 눈에 보인다. 또래보다 큰지 작은지, 움직임이 빠른지 혹은 느린지, 통통한지 혹은 마른 편인지, 시력이 좋은지 혹은 나쁜지 지켜보면 알 수 있다. 하지만 인지발달과 정서발달은 다르다.

인지발달은 아이 개인의 표현을 통해 드러난다. 타인의 말을 듣거나 혹은 책을 읽을 때, 자신의 생각이나 느낌을 언어로 표현할 때, 각종 평가 등을 통해 아이 개인이 가진 인지발달을 가늠할 수 있다. 타고난 지능의 문제인지 혹은 후천적 자극의 문제인지 평가를 통해 일정 부분 판단해볼 수 있다. 반면 정서발달은 잘 드러나지 않는다. 바로 내적 성숙의 문제이기 때문이다.

타고난 기질과 아이를 둘러싼 환경에 따라 정서발달은 큰 편차를 보인다. 불안이 높을수록 관계의 질이 나쁘다. 가까이에 신뢰할 만한 타인을 갖지 못했을 가능성이 크기 때문이다. 자신의 감정을 언어로 표현하는 순간, 정서는 안정을 찾는다고 한다. 하지만 자신의 감정을 적절한 언어로 표현하기란 여간 어려운 일이 아니다. 그래서 많은 부모가 아이의 감정을 읽기 위해 아이의 이야기에 귀를 기울이고, 적절한 언어로 아이 대신 아이의 감정을 말해준다.

자신의 감정을 언어로 잘 읽어준 경험을 한 아이는 그 과정에서 습득한 언어로 자신의 감정을 잘 인식하기 마련이다. 이는 타인의 감정을 읽는 토대가 된다. 삶의 수많은 순간마다 느끼는 정서에 적절한 언어로 자신의 감정을 읽어주는 타인이 있다면, 아이 역시 자기 주변 사람의 마음을 자기 내면의 언어로 읽어줄 수 있다. 마치 오랜 시간 가까운 이들의 말소리를 듣고 나서야 자기 말을 하는 어린아이처럼.

그래서 시간이 필요하다. 아이가 오랜 시간 타인의 목소리에 귀를 기울인 후에야 자기 말을 하듯이, 아이의 목소리에 귀를 기울여야 아이도 타인의 목소리에 귀 기울이기 시작할 테니까. 따라서 교사가 아이의 실수보다 성공에, 결과보다 과정에, 벌이 아닌 성장의 기회를 제공하는 것이 중요하다. 그래야 학생과 신뢰가 쌓이고, 학부모가 교사를 신뢰할 수 있다.

학부모 상담의 목적 기억하기

학교는 병원이 아니다. 따라서 치료하지 않는다. 의사는 환자의 치료를 위해 존재하고, 교사는 교육을 위해 존재한다. 교육은 학생의 성장이 목적이다. 아이가 이전보다 나은 사람으로 성장하는 것이 학교가 존재하는 이유인 셈이다. 학생의 성장을 위해 반드시 협력해야 하는 존재가 있다. 바로 교사와 학부모다.

부모의 양육 태도 중 가장 나쁜 것이 있다. 바로 이중구속double bind다. 아이가 부모에게 다가가면 왜 오느냐고 하고, 다가가지 않으면 왜 안 오느냐고 하는 유형을 말한다. 어느 장단에 발을 맞추어야 할지 모르기 때문에 불안이 높다. 높은 수준의 불안은 코르티솔을 과다분비시킨다. 과도한 코르티솔은 기억, 학습, 동기와 관련된 해마 등의 뇌 부위에 악영향을 준다. 아이가 본래 가진 인지 능력을 낮추는 것이다.

교사와 부모는 아이의 삶에 가장 큰 영향을 주는 성숙한 타인이다. 따라서 이들이 아이를 대하는 태도에 일관성이 필요하다. 예를 들어, 한 남자아이가 있다. 아이는 아빠로부터 한 대 맞으면 두 대 때리고 오라고 배웠다. 한 대 맞으면 두 대를 때리기 위해 복싱을 열심히 배웠다. 그런데 세상에나. 학교에서 만나는 담임 선생님은 아빠와 정반대 이야기를 한다. 사람으로 태어나 남을 욕하고 때리는 사람이 되어서야 쓰겠느냐고 말한다. 남을 욕하고 때리는 행위 자체가 자신을 함부로 대하는 것이라고 배운다.

아이는 어느 장단에 춤을 춰야 할까? 부모일까, 교사일까? 아이가 교사의 가르침을 선택한다 해도 부모의 양육 태도가 변하지 않는다면 아이는 혼란스럽다. 따라서 학부모 상담의 목적은 아이의 성장을 위해 교사와 학부모가 한편이 되는 것이다.

홀로 서는 아이로 키우기

매년 3월이면 교사는 아이들과 라포를 형성하기 위해 애를 쓴다. 교사 역시 가족보다 함께한 시간이 많은 아이들과 친밀한 관계가 된다. 하지만 2월이면 헤어져야 한다. 교사가 전근 가거나 아이들이 졸업하게 되면 만날 일이 거의 없다. 다시 말해서 만나고 헤어지는 일에 익숙해져야 한다. 아이들은 언젠가 반드시 교사의 손을 떠나게 된다.

가끔씩 아이들 부모님의 사고 소식을 접한다. 모든 부모는 아이가 성인이 될 때까지 가까이에서 지켜주고 싶어 한다. 하지만 세상일이 모두 뜻한 대로 되는 것이 아니다. 물론 성인이 될 때까지 부모가 아이와 함께하는 경우가 훨씬 많다. 그런데 이미 성인이 되기 전부터 아이는 부모의 품을 벗어나기 시작한다. 부모보다 또래와 함께하는 시간이 늘어나고, 점차 부모의 이야기보다 또래 이야기에 더 귀를 기울여간다. 아이가 부모로부터 독립할 준비를 하는 것이다.

결국 모든 아이는 자기 힘으로 서야 한다. 스스로의 힘으로 세상을 살아가기 위해 아이에게 필요한 것은 무엇일까? 자신의 꿈을 찾기 위해 좌충우돌하면서도 다시 일어날 힘을 가져야 하지 않을까? 언제나 어디에서나 자신이 가진 능력을 끊임없이 키워가는 자기성장과 더불어, 쓰러진 타인이 홀로 살아갈 수 있도록 지지하고 격려하고 도와가는 아이로도 자라야 하지 않을까? 스스로 입고, 먹고, 씻고, 자고, 치우고, 배우고, 어떤 누구와 만나도 마음을 열고 대화할 수 있는 태도와 역량을 가져야 하지 않을까? 그것이 바로 아이가 홀로 서는 준비이자 교육이 해야 할 일이라고 생각한다.

좋은 사람이 될 기회 함께 격려하기

학교라는 안전망을 벗어나 죄를 지으면 법의 처벌을 받는다. 반면 학교라는 울타리 안에서 저지르는 각종 잘못이나 실수는 미성년자라는 이름으로 용서해주고 기회를 준다. 그렇다면 학교는 아이들의 실수에 주목해야 할까, 노력에 주목해야 할까? 그렇다. 노력이다.

하지만 실제로는 교사도 부모도 아이의 단점이나 실수에 주목하기 쉽다. 단점이나 실수는 본능에 따라 행해지지만, 장점이나 성공은 이성과 노력에 의한 경우가 많기 때문이다. 아이들은 성인에 비해 미성숙하며, 따라서 이성과 노력보다 본능에 따라 움직이기가 더욱 쉽다. 교사와 부모가 아이의 본능이 일으킨 단점과 실수에 주목할수록 아이 역시 자신의 단점과 실수에 주목하기 마련이다. 캄캄한 밤에 불빛이 비치는 곳만 보이듯이 아이가 가진 가능성 혹은 잠재력에 빛을 비추지 않으면 아이 역시 자신의 성장을 믿지 못한다.

단점이나 실수만 주목받은 아이는 실수를 저지르지 않기 위해 애쓸 뿐,

좋은 사람이 될 기회를 얻지 못한다. 그런 기회를 배워본 적이 없고 자신에게서 장점이나 노력하는 모습을 느껴본 적이 없기 때문이다.

아이에게 좋은 사람이 될 기회를 주어야 한다. 행동을 가르치고, 노력을 응원하고, 다짐을 격려해야 한다. 이와 같은 노력을 교사와 학부모가 함께 해야 한다. 이유는 간단하다. 부모와 교사는 아이가 의지하고 신뢰하는 성숙한 타인이기 때문이다. 학부모 상담을 통해 해야 할 일은 바로 이것이라고 생각한다.

학부모 상담 시 질문하는 방법

먼저 이런 질문으로 상담을 시작하자.

- 아이들이 학교 생활을 어떻게 느끼는가?
- 밤에 잠은 잘 자는가?
- 방과후나 주말 여가 활동은 어떻게 보내는가?
- 저녁식사는 누구와 함께하는가?
- 자녀와 어떻게 대화를 나누는가?

이런 질문을 통해, 아이가 교실 이외의 공간에서 삶을 건강하고 화목하게 지내는지를 확인하며 아이의 리질리언스를 위해 중요한 가족 요인과 사회(친구, 교직원) 요인을 살펴볼 수 있기 때문이다.

그다음에는 학부모가 궁금해하는 아이의 학교 생활에 대해서 답하면 된다. 학습 정도, 교우관계, 수업 태도 등에 대해 말하고 이어서 학부모의 고민을 들어본다. 고민은 학습과 관계가 주를 이룬다. 각각의 고민에 대한 답은 아이마다 아이를 둘러싼 환경에 따라 제각기 다르기에 이 책을 읽는 교사 자신들의 답변이 훨씬 효과적일 것이다.

학부모에게 부탁하는 두 가지 질문

마지막으로 학부모 상담에서 꼭 부탁하는 두 가지를 이야기하고 싶다. 앞서 담임 소개서에서 학부모에게 부탁드리는 두 가지 질문을 소개했다. "오늘은 선생님에게 무엇을 배웠니?" 대신 "무엇을 물어보았니?"를, "오늘은 어떤 안 좋은 일이 있었니?" 대신 "어떤 좋은 일이 있었니?"라는 질문을 아이에게 해달라고 강조한다.

"

— 끝으로 두 가지만 부탁드리고 싶어요, 어머니.

— 네, 말씀하세요. 선생님.

— ○○이가 집에 오면 혹시 물어보시는 게 있나요?

— 음, 학교에서 뭐 배웠는지, 학교에서 별일은 없었는지 뭐 그런 거 물어보죠.

— 무엇을 배웠냐고 물어보면 ○○이가 뭐라고 대답해요?

— 그날 배운 거 말하기도 하고, 기억 안 난다고 하기도 해요.

— 뭘 배웠냐고 물어보시면 수업 시간에 ○○이는 수업 내용을 기억하려고 애쓰겠군요.

— 그렇겠죠.

— 학교에서 별일 없었냐고 물어보시면 주로 어떤 이야기를 하나요?

— 뭐 애들끼리 다투었다거나, 아, 맞다, 저번엔 수학 단원평가 망쳤다고 하던데요.

— 주로 나쁜 일을 이야기하는군요.

— 아뇨. 꼭 그런 건 아니에요. 좋았던 일도 이야기해요, 선생님.

— 네, 어머니. 그래서 질문을 조금만 바꿔주셨으면 합니다.

— 질문을요?

— 네. "오늘 수업 시간에 무엇을 물어보았니?" 하고 물어봐주셨으면 해요. 어떤 질문을 했느냐고 묻는다면 수업에 능동적으로 참여할 가능성이 커지거든요. 그리고 또 하나, "별일 없었니?" 하고 묻기보다는 "학교에서 좋은 일이 있었니?" 하고 물어봐주세요. 좋은 일은 흔하고 나쁜 일은 드물어요. 드물지만 나쁜 일은 다시 겪기 싫어서 기억에 오래 남거든요. 그래서 일부러 좋은 일이 있었는지 물어봐주셨으면 해요. 그래야 학교 생활을 더 열심히, 더 즐겁게 할 거라고 생각하거든요.
부탁드립니다, 어머니.

”

나가는 말

모두의 더 나은 최선을 위해 존재하는 곳, 학교

"이걸 왜 해요?"

오래전 아침자습 과제를 내주자, 한 아이가 손을 들고 내게 한 질문이다. 다 너희한테 좋으니까 하라고 하는 거야. 이런 말을 내뱉고 돌아서는데 뒤통수가 서늘했다. 내 학급경영의 이론적 근거가 빈약했기 때문이다. 우리 반 교실은 언제나 소란스러웠다. 반면 옆 반 선생님 교실은 정말 조용했다. 옆 반 아이들은 등교하면 자리에 앉아 조용히 책을 읽었고, 우리 반 아이들은 아침자습을 마치면 친구와 이야기하기에 여념이 없었다. 내게 장난치고, 나를 닮은 그림을 칠판에 그렸다. 칠판에 '천경호 선생님 바보'라고 쓰고 가는 아이도 있었다. 옆 반 아이들은 선생님에게 장난 따위는 절대 치지 않았다. 내게 과연 교사로서 권위라는 게 있을까? 나는 학급을 잘 경영하고 있는 걸까? 내 교육의 성과는 무엇일까? 저경력 교사 시절, 나는 나를 옆 반 선생님과 비교하며 교사로서의 역량이 무엇인지 고민했다.

하루는 옆 반 아이 중 한 아이가 옆 교실에 놀러간 우리 반 아이와 다투는 일이 생겼다. 사건을 발견한 나는 즉시 아이들 사이를 중재하고 잘 마무리 지었다. 옆 반 아이의 잘못 때문에 생긴 일이기도 해서 옆 반 선생님께 말씀을 드리자 오히려 내게 화를 내셨다. 도대체 애들 관리를 어떻게 하길래 남의 교실에 함부로 들어오느냐며. 아이들에게 조금이라도 곁을 주면 머리 위에 올라선다며 단호하게 지도해야 한다고.

나는 다시 의문이 생겼다. 친구네 반에 놀러간 일이 그토록 잘못된 일인가? 친구를 보고 싶어 하는 마음을 알아주는 것보다 다툼이 생길 것을 가정하고 규제하는 것이 아이들을 위하는 일인가? 다툼이 생기면 안 되나? 어른들도 다투며 사는데 어린아이들은 더 자주 다투지 않을까? 다툼이 생겼을 때 원만하게 해결하는 경험을 갖게 해주는 것이 교육 아닌가? 이전보다 덜 다투고, 더 서로를 이해하는 아이들로 자라게 돕는 것이 학교가 존재하는 이유이고, 교육이 필요한 까닭이 아닌가? 그렇다면 어떻게 아이들이 이전보다 덜 다투고 더 나아졌다는 것을 발견할 수 있을까?

내 의문에 대한 답을 찾으려면 아이들의 변화를 알아차려야 했다. 아이들 한 명 한 명이 얼마나 나은 사람이 되었는지가 교육의 성과일 테니까. 아이들과 일대일로 만나며 아이들을 알아갈수록, 내가 아이들에 대해 아는 것이 없다는 것을 도리어 깨달았다. 사람의 성격은 크게 세 가지로 이루어진다고 한다. 특질trait과 특징적 적응characteristic adaptation 그리고 서사 정체성 narrative identity이다. 이 중 특질은 유전율이 50퍼센트에 달하지만, 특징적 적응은 환경의 영향력이 43~88퍼센트에 달한다. 부모의 양육이나 교사의 교육 같은, 사람과 사람 사이에 오가는 상호작용을 통한 모델링과 학습이 아이들의 삶에 주어진 상황에 각자가 어떻게 반응하느냐를 결정한다는 것이다. 여기에 더해 아이들 개인이 살아온 삶의 이력이라는 서사 정체성이 성격을 결정한다고 하니 유전자, 환경, 사람과의 상호작용과 그 이력의 합이 결국 우리가 만나는 아이들의 성격을 만든다고 할 수 있다. 그렇다면 아이들의 특질을 알아야 했고, 특징적 적응의 형태를 이해해야 했다. 신경과학과 신경생리학, 긍정심리학과 인지심리학 등의 공부가 바로 이 점에 대해 이해하게 도왔다. 한 인간의 삶에 영향을 미치는 다양한 변수를 고려할 때 교사 개인이 학생에게 미치는 영향은 아이마다 결정적일 수도 있고 미미할 수도 있다. 때로는 조금의 영향도 미치지 못할 때도 있다는 뜻이다.

오래전 교실 옆 특별실에서 의자를 집어 던지며 난동을 부리던 다른 학년 남학생이 있었다. 수업을 멈추고 난동을 부리는 아이를 제지한 후, 학년

연구실로 데리고 갔다. 아이는 자신 같은 아이는 "처음부터 다시 태어나야 해요"라는 말을 반복했다. 이야기 끝에 아이가 자신이 다니던 도장의 도복 띠로 수차례나 스스로 목숨을 끊으려고 했다는 사실도 알게 되었다. 어떻게 해야 할까? 나는 무엇을 할 수 있을까? 아이는 어떤 환경에서 살아가는 걸까? 다행히 아이는 진정하고 교실로 돌아갔다. 나는 담임 선생님께 바로 소아정신과에 아이를 데려가도록 부모에게 전해달라고 말했다.

한 달쯤 지났을까. 비슷한 사건에 또 발생했다. 나는 반 아이들의 양해를 구하고 다시 아이를 데리고 연구실로 향했다. 아이는 이번에도 같은 말을 반복했다. 긴 대화 끝에 진정되자 아이는 다시 교실로 돌아갔다. 며칠 후 청천벽력 같은 소식을 들었다. 아이 어머니가 아이들을 죽이고 스스로 목숨을 끊었다는 소식이었다. 눈물이 났다. 아이들 앞에서 말을 잃고 눈물을 흘렸다. 나는 무엇을 해야 했을까? 어떻게 해야 아이가 목숨을 잃지 않을 수 있었을까? 아이의 특질이 문제였을까? 특징적 적응의 문제였을까? 서사 정체성의 문제였을까?

아이의 죽음은 아이의 특징적 적응과 서사 정체성에 영향을 미치는 내 교육 활동을 돌아보게 했다. 그 시절의 나는 우리 반 아이들에게 일기쓰기를 강요하고, 일기를 쓰지 않는 아이들을 심하게 야단쳤다. 때로는 체벌도 했다. 과연 체벌해야만 하는 교육 활동이 있을까? 아니, 세상에 맞아도 되는 일이 있다고 가르치고 있는 건 아닐까? 교사로서의 내 전문성이 부족하다는 걸 체벌로 증명한 건 아니었나? 나는 두려웠다. 혹시나 내가 가르친 아이 중에도 목숨을 잃는 아이가 생기지 않을까 싶어 무서웠다.

아이들이 어디를 가건, 언제 나가건 안심할 수 있는 세상을 만들기 위해 아이들을 가르친다고 말해놓고, 나는 체벌을 통해서만 아이들 행동이 수정될 거라고 의심하고 있던 건 아니었나? 내가 체벌한 우리 반 아이의 어머니를 지하철에서 만나 이야기를 나누며, 나는 말할 수 없는 부끄러움을 느꼈다. 어쩌면 나도 아이들을 죽음으로 내몰고 있는 것은 아닐까 싶어서.

길을 찾고 싶었다. 어떻게 하면 아이들을 살릴 수 있을까? 학교와 가정 모든 곳에서 마음 편하게 지내게 할 수 있을까? 그래야 수업에 집중하고, 친구들과 사이좋게 지낼 수 있지 않을까? 결국 아이들 주변에 좋은 사람을 많이 만들어주고, 아이들 스스로 좋은 사람이 되려고 노력하는 사람으로 길러야 하지 않을까? 과연 나는 아이들을 좋은 사람으로 길러낼 수 있을까?

과거에 비해 빠르게 발달하는 기술에 발맞춰 아이들 역시 사람을 대신하는 기술에 둘러싸여 생활하고 있다. 20년 전 학급의 40명에 달하는 아이들과 지금 학급의 20명에 불과한 아이들 중에서 누구를 더 가르치기 힘드냐고 묻는다면, 단연코 지금 만나는 아이들이라고 말할 수 있다. 20년 전 학교에서 뛰어놀던 아이들을 요즘은 볼 수 없다. 다들 서로의 눈 대신 각자의 스마트폰 화면만 보고 있기 때문이다.

한 연구에 따르면, 사람과 상호작용할 때 타인의 생각을 추측하는 특정 뇌 부위가 활성화되는 반면, 컴퓨터와 상호작용할 때는 해당 뇌 부위가 비활성화된다고 한다. 그래서일까? 아이들은 타인의 말과 행동을 비난할 뿐, 왜 그러한 말과 행동을 했는지는 "몰라요" 혹은 "알고 싶지 않아요"라고 말하는 경우가 늘고 있다.

그래서 날마다 회의를 느낀다. 정말 모든 아이에게 자기결정성이 있을까? 스스로 하고 싶어 하고, 잘하고 싶어 하고, 타인과 좋은 관계를 맺고 싶어 할까? 남이 해주길 바라고, 대충하고 싶어 하고, 나만 좋으면 된다고 여기는 건 아닐까?

이런 생각을 멈추게 된 건, 바로 아이들이 살아온 서사 정체성을 알게 되었을 때였다. 친구와의 사소한 갈등에 격한 분노를 표출하거나 화장실에 들어가 나오지 않았던 옆 반 아이가 친구들 보는 앞에서 보호자에게서 따귀를 맞았다는 이야기를 들었을 때, 아이가 가진 분노와 적개심이 어떻게든 말과 글로 풀어져야 하지 않을까 생각하게 된다. 아이의 따귀를 때린 보호자가 여러 아이를 독박육아하는 데다 가부장적인 가정에서 힘들게 살고 있다는 이야기를 들었을 때, 그 보호자가 가정에서 화목한 감정을 언제 느꼈을까, 생각하게 된다. 이들의 서사 정체성을 모르는 교사들이 아이들과 학부모들에게 저지르는 실수를 보며 동료 선생님들과 지도하기 어려운 아이들 이야기를 함께 나누어야 하지 않을까 생각하게 된다.

학생도, 학부모도, 교사도 각자 자신의 삶 속에서 최선을 다하고 있다. 지각하는 아이도, 날마다 다투는 아이도, 숙제하지 않는 아이도, 자신이 할 수 있는 한 최선을 다하고 있다. 다만 교사라는 타인의 삶에서 바라보는 아이의 삶이 모자라 보일 뿐이다. 학부모도 자신이 할 수 있는 한 최선을 다해 살아가고 있다. 자신이 경험하고 배운 것을 경제적 환경과 가족 구성원 간 관계의 안정성 위에서 최선을 다해 실천하고 있다. 타인의 입장에서 바라보기에 모자라고 이상하게 보일 뿐이다. 교사도 그렇다. 교사 개인의 인지·정서·신체발달 수준 위에 근무지와 주거지의 거리, 가족 구성원의 안정성, 학교 구성원 간 협력 수준 등 다양한 변인을 바탕으로 각자가 할 수 있는 한 최선을 다하고 있다.

학생, 학부모, 교사. 이 셋을 우리는 교육의 주체라고 부른다. 서로가 한마음으로 학생의 건강한 성장과 발달을 위해 함께 노력할 때, 모든 학생은 한 사람도 빠짐없이 각자가 서로의 자기실현을 도우며 날마다 가장 행복한 학교 생활을 할 수 있다.

하지만 교육의 세 주체는 서로 오해하고 적대하기를 서슴지 않는다. 학생은 교사를 함부로 대하고, 학부모는 교사를 의심하며, 교사는 학부모를 꺼리고 학생을 부담스러워한다. 그 높고도 깊은 불신의 벽이 두터워질수록 피해는 고스란히 학생을 향해 다가가고, 우리의 미래는 시시각각 어두워진다. 신뢰 없는 교사-학생 관계 위에서는 학생의 건강한 성장과 발달은 실현 불가능한 과제가 되기 때문이다.

교육. 가르치는 교사와 기르는 보호자의 역할은 모든 학생의 독립을 목표로 한다. 교사가 없어도 스스로 배울 수 있고, 보호자가 없어도 자기 삶을 스스로 꾸릴 수 있는 힘을 갖게 하는 것이 바로 교육이다. 삶에서 피할 수 없는 역경과 시련을 자기성장의 밑거름으로 삼기 위해 리질리언스를 키워야 하고, 삶에서 만나는 수많은 타인과의 관계 속에서 함께 자기결정성을 높이기 위해 스스로 노력하는 삶을 살아가게 해야 한다.

같은 해에 태어나 비슷한 발달을 거치는 또래를 만날 수 있는 곳, 서로 다른 가정문화와 사회경제적 계층에서 자란 타인을 이해하고 우정이란 사적인 관계를 만들 수 있는 곳, 사회제도에 의해 선발된 높은 수준의 교사라는 성숙한 타인을 만날 수 있는 곳, 발달의 결정적 시기에 필요한 식습관, 수면 습관, 운동 습관을 갖게 도와주는 곳, 사람과 사회, 사람과 자연이 서로 어떤 관계에 있는지 알게 해 균형 있고, 넓은 시야를 갖게 해주는 곳, 새롭고 다양한 타인과의 관계 경험을 제공해 외로움 대신 친밀감을, 고립 대신 우정을 배우고 가질 수 있게 도와주는 곳. 이곳이 바로 학교이고 교실이 아닐까?

모두의 최선이 헛되지 않도록 돕기 위해 존재하는 곳이 바로 학교이고, 교실이다. 모두의 더 나은 최선을 돕기 위해 필요한 것이 교육이다. 모두의 더 나은 최선이 조금도 헛되지 않도록 학교라는 모두를 위한 공간에서, 학교와 교실이란 최일선에서, 이 책이 길을 잃은 누군가에게 나침반이 되어 줄 수 있기를 나는 기원하고, 또 기원한다.

부록

- 글그릇 키우기 문장
- 아이들이 쓴 글그릇 키우기 글모음
- 가족 숙제 예시

글그릇 키우기 문장

1 한마디의 말이 날카로운 칼이 되기도 하고, 혹은 솜처럼 따뜻하고 부드럽기도 하다. 어느 쪽을 택할 것인가는 우리의 마음에 달려 있다. ㅡ토머스 제퍼슨

2 미래에 관한 한 그대의 할 일은 예견하는 것이 아니라 그것을 가능케 하는 것이다. ㅡ앙투안 생텍쥐페리

3 하루하루가 대단한 날이라는 생각이 들지 않는다면 하루라는 것 없이 한번 살아보라. ㅡ짐 에번스

4 '어떻게 말할까?' 하고 괴로울 때, 진실을 말하라. ㅡ마크 트웨인

5 추위에 떤 사람일수록 태양의 따뜻함을 느낀다. ㅡ월터 휘트먼

6 우리는 모두 지평선 저 너머에 있는 요술의 장미정원을 꿈꾸고 있으면서 현재 자기 집 창밖에 피어 있는 장미꽃은 거들떠보려 하지 않는다. ㅡ데일 카네기(『행복론』에서 발췌)

7 집중력은 자신감과 갈망이 결합하여 생긴다. ㅡ아놀드 파머

8 걱정은 내일의 슬픔을 덜어주는 것이 아니라 오늘의 힘을 앗아간다. ㅡ코리 덴 붐

9 지나고 나면 결국은 다 웃어넘길 수 있는 것들. ㅡ찰리 채플린

10 소중한 것을 놓치기 싫다면 먼저 다가가 붙잡아라. ㅡ팀 보울러(『리버 보이』에서 발췌)

11 절망하지 마라. 종종 열쇠 꾸러미의 마지막 열쇠가 자물쇠를 연다. ㅡ필립 체스터필드

12 좋은 책에서는 좋은 향기가 나고, 좋은 책은 읽는 사람에게도 그 향기가 스며들어 옆 사람까지도 행복하게 한다. ㅡ이해인 수녀(『꽃삽』에서 발췌)

13 절망이란 어리석은 자의 결론이다. ㅡ벤저민 디즈레일리

14 절대로 고개를 떨구지 말라. 고개를 치켜들고 세상을 똑바로 바라보라. —헬렌 켈러

15 모든 것을 이해한다는 것은 모든 것을 용서하는 것이다. —프랑스 속담

16 세상에서 가장 아름다운 것은 물론 세상 그 자체이다. —로버트 루이스 스티븐슨

17 잘 살아라. 그게 최고의 복수다. —탈무드

18 일 분 일 초마다 인생을 바꿀 수 있는 기회가 온다. —영화 <바닐라 스카이>에서

19 세상은 온통 문이고, 온통 기회이고, 올려주길 기다리는 팽팽한 줄이다. —랠프 월도 에머슨

20 세계는 한 권의 책이다. 여행하지 않는 사람은 그 책을 한 쪽밖에 읽지 못한 셈이다. —성 아우구스티누스

21 인생은 곱셈이다. 어떤 찬스가 와도 네가 제로면 아무런 의미가 없다. —나카무라 미츠루

22 재능 있는 사람이 이따금 무능하게 되는 것은 성격이 우유부단하기 때문이다. 망설이기보다는 차라리 실패를 선택하라. —버트런드 러셀

23 성공이 당신에게 오는 것이 아니라 당신이 성공을 향해 다가가는 것이다. —마르바 콜린스

24 바람이 불지 않을 때 바람개비를 돌리는 방법은 앞으로 달려나가는 것이다. —데일 카네기

25 감사하는 법을 배울 때 우리는 인생에서 나쁜 일이 아니라 좋은 일에 집중하는 법을 배우게 된다. —에이미 밴더빌트

26 모범을 보이는 것은 다른 사람에게 영향을 미치는 가장 좋은 방법이 아니다. 유일한 방법이다. —알베르트 슈바이처

27 사소한 일이 우리를 위로한다. 사소한 일이 우리를 괴롭히기 때문이다. —파스칼

28 사랑의 첫 번째 의무는 상대방에게 귀 기울이는 것이다. —폴 틸리히

29 사랑받고 싶다면 사랑하라. 그리고 사랑스럽게 행동하라. —벤저민 프랭클린

30 모든 사람이 원하는 것은 자신의 이야기를 들어줄 사람이다. —휴 엘리엇

31 바둑판 위에 의미 없는 돌이란 없다. —웹툰 <미생>에서

32 고난과 불행이 찾아올 때, 비로소 친구가 친구임을 안다. —이태백

33 풍파는 언제나 전진하는 자의 벗이다. 차라리 고난 속에 인생의 기쁨이 있다. 풍파 없는 항해, 얼마나 단조로운가! 고난이 심할수록 내 가슴은 뛴다. —프리드리히 니체

34 화가 나면 열을 세어라. 풀리지 않는다면 백을 세어라. —토머스 제퍼슨

35 명성을 쌓는 데는 20년이란 세월이 걸리지만, 명성을 무너뜨리는 데는 채 5분도 걸리지 않는다. 그걸 명심한다면, 당신의 행동이 달라질 것이다. —워런 버핏

36 세상은 고통으로 가득하지만 한편 그것을 이겨내는 일로도 가득하다. —헬렌 켈러

37 희망차게 여행하는 것이 목적지에 도착하는 것보다 좋다. —로버트 루이스 스티븐슨

38 속도를 줄이고 인생을 즐겨라. 너무 빨리 가다보면 놓치는 것은 주위 경관뿐만이 아니다. 어디로 왜 가는지도 모르게 된다. —에디 켄터

39 사람들은 흔히 내일, 내일 하고들 있지만, 이 내일이라는 것은 영원히 이어지는 것이므로 오늘 하지 않으면 아무것도 못하게 된다. —데일 카네기

40 해야 할 일을 하지 않으면 반드시 후회가 남는다 —이케다 다이사쿠

41 우리를 정의하는 것은 우리의 행동입니다. —권재원

42 비에 젖은 자는 비를 두려워하지 않는다. —외국 속담

43 비관론자는 모든 기회에서 어려움을 찾아내고, 낙관론자는 모든 어려움에서 기회를 찾아낸다. —윈스턴 처칠

44 별을 보려면 어둠이 꼭 필요하다. ―정호승

45 무엇이라도 꿈을 꿀 수 있다면, 그것을 실행하는 것 역시 가능하다. ―월트 디즈니

46 못할 것 같은 일도 시작해놓으면 이루어진다. ―채근담

47 말도 아름다운 꽃처럼 그 색깔을 지니고 있다. ―E. 리스

48 기회는 없어지지 않는다. 당신이 놓친 것은 다른 사람이 잡는다. ―작가 미상

49 과거는 잊어버리고 다른 일에 몰두하자. 이것이 고민의 해결이다. ―잭 뎀프시

50 사람들은 시간이 모든 것을 바꾸어준다고 말하지만, 실제로 당신 자신이 모든 것을 바꾸어야 한다. ―앤디 워홀

51 나는 내 영혼의 선장이며 내 운명의 주인이다. ―윌리엄 어니스트 헨리

52 당신의 과거가 궁금하면 지금의 처지를 살펴보고, 당신의 미래가 궁금하다면 지금의 행동을 살펴보라. ―불교 금언

53 누구나 보석을 지니고 있다. 다만 캐내지 않아 잠들어 있을 뿐. ―이어령

54 누구나 영웅이 될 수 있어요. 어린아이의 어깨에 코트를 걸쳐주며 세상이 끝나지 않았다고 말해주는 사람도 영웅이죠. ―영화 <다크 나이트 라이즈>에서

55 나는 천천히 걸어가는 사람이다. 그러나 뒤로는 가지 않는다. ―에이브러햄 링컨

56 노동 뒤의 휴식이야말로 가장 편안하고 순수한 기쁨이다. ―임마누엘 칸트

57 당신은 움츠리기보다 활짝 피어나도록 만들어진 존재입니다. ―오프라 윈프리

58 아무것도 변하지 않을지라도 내가 변하면 모든 것이 변한다. ―오노레 드 발자크

59 땀에 젖은 유니폼, 그것이 내가 보여줄 수 있는 전부다. ―폴 스콜스

60 날이 밝기 직전이 항상 가장 어둡다. ―토머스 풀러

61 낮에 꿈꾸는 사람은 밤에만 꿈꾸는 사람에게는 찾아오지 않는 많은 것을 알고 있

다. —에드거 앨런 포

62 나로 말할 것 같으면 긍정주의자인데, 다른 주의자가 돼봤자 별 쓸모가 없는 것 같기 때문이다. —윈스턴 처칠

63 저울의 한쪽 편에 세계를 실어놓고, 다른 한쪽 편에 나의 어머니를 실어놓는다면, 세계의 편이 훨씬 가벼울 것이다. —랑구랄

64 나는 아름다운 꿈도 꾸었고 악몽도 꾸었으나 아름다운 꿈 덕분에 악몽을 이겨낼 수 있었다. —조너선 솔크

65 기쁨을 주는 사람만이 더 많은 기쁨을 즐길 수 있다. —알렉상드르 뒤마

66 영원히 살 것처럼 꿈꾸고 오늘 죽을 것처럼 살아라. —제임스 딘

67 힘이 드는가? 하지만 오늘 걷지 않으면 내일은 뛰어야 한다. —카를레스 푸욜

68 불행한 사람은 갖지 못한 것을 사모하고, 행복한 사람은 갖고 있는 것을 사랑한다. —하워드 가드너

69 행복의 반대말은 불행이 아니라 불만이다. —정철(『내 머리 사용법』에서 발췌)

70 험담은 세 사람을 죽인다. 험담을 한 자, 험담을 들은 자, 험담의 대상이 된 자. —미드라쉬

71 오랫동안 꿈을 그리는 사람은 마침내 그 꿈을 닮아간다. —앙드레 말로

72 한 손은 너 자신을 돕는 것이고, 다른 한 손은 다른 사람들을 돕기 위한 것이다. —오드리 헵번

73 행복의 문 하나가 닫히면 다른 문들이 열린다. 그러나 우리는 대개 닫힌 문들을 멍하니 바라보다가 우리를 향해 열린 문을 보지 못한다. —헬렌 켈러

74 인간은 입이 하나, 귀가 둘이 있다. 이는 말하기보다 듣기를 2배 더 하라는 뜻이다. —탈무드

75 웃는 자가 승자일지니! —메리 페티본 풀

76 인생에 주어진 의무는 다른 아무것도 없다네. 그저 행복하라는 한 가지 의무뿐. 우리는 행복하기 위해 세상에 왔다. —헤르만 헤세

77 원하든 원하지 않든 간에 우리는 서로 연결되어 있다. 그래서 나 혼자만 따로 행복해지는 것은 생각할 수도 없다. —달라이 라마

78 우리는 숱한 실수를 할 수 있다. 그러나 다른 사람에게 책임을 돌리기 전에는 실패자가 아니다. —존 버로스

79 우리가 하는 일은 바다에 붓는 한 방울의 물보다 하찮은 것이다. 하지만 그 물 한 방울이 없다면 바다는 그만큼 줄어들 것이다. —테레사 수녀

80 우리는 모두 스타이고, 빛날 가치가 있다. —매릴린 먼로

81 우리가 할 수 있는 한 최선을 다할 때, 우리 혹은 타인의 삶에 어떤 기적이 나타나는지 아무도 모른다. —헬렌 켈러

82 내 비밀은 이런 거야. 매우 간단한 거지. 오로지 마음으로 보아야만 정확하게 볼 수 있다는 거야. 가장 중요한 것은 눈에는 보이지 않는 법이야. —앙투안 생텍쥐페리(『어린 왕자』에서 발췌)

83 오늘이 없는 미래는 없어. 오늘 하루하루가 쌓여 미래가 되는 거야. —정호승(『어린 왕벚나무』에서 발췌)

84 오늘 할 수 있는 일을 내일로 미루지 말라. —벤저민 프랭클린

85 오늘은 당신의 남은 인생 중, 첫 번째 날이다. —영화 <아메리칸 뷰티>에서

86 오늘이라는 날은 두 번 다시 오지 않는다는 것을 잊지 말라. —단테

87 어떤 위대한 일도 열정 없이 이뤄지지 않았다. —랠프 월도 에머슨

88 언제까지 계속되는 불행이란 없다. —로맹 롤랑

89 어리석은 사람은 좋은 옷으로도 자신의 어리석음을 가릴 수 없다. —『이솝 우화』에서

90 어디를 가든지 마음을 다해 가라. —공자

91 어느 곳을 향해 배를 저어야 할지 모르는 사람에게는 어떤 바람도 순풍이 아니다. —미셸 몽테뉴

92 애벌레 속에는 훗날 나비가 되리라는 것을 말해줄 만한 그 무엇도 들어 있지 않다. —리처드 버크민스터 풀러

93 오늘 누군가가 그늘에 앉아 쉴 수 있는 이유는 오래전에 누군가가 나무를 심었기 때문이다. —워런 버핏

94 실패해보지 않은 사람은 한 번도 새로운 일을 시도해보지 않았던 사람이다. —알베르트 아인슈타인

95 아무리 괴로운 시간이라 해도 한 시간은 60분을 넘지 않는다. —모리스 맨덜

96 아무것도 변하지 않을지라도 내가 변하면 모든 것이 변한다. —오노레 드 발자크

97 실패는 고통스럽다. 그러나 최선을 다하지 못했음을 깨닫는 것은 몇 배 더 고통스럽다. —앤드루 매슈스

98 실천이 말보다 낫다. —벤저민 프랭클린

99 시작하는 방법은 그만 말하고 이제 행동하는 것이다. —월트 디즈니

100 순간을 사랑하라. 그러면 그 순간의 에너지가 모든 경계를 넘어 퍼져나갈 것이다. —코리타 켄트

101 순간을 소중히 여기다보면, 긴 세월은 저절로 흘러간다. —마리아 에지워스

102 과학은 그 자체로 거짓말을 하는 법이 없다. 거짓말을 하는 것은 과학을 빙자한 인간들이다. —미겔 데 세르반테스

103 학습은 많은 정보를 획득하는 것이 아니라, 삶에서 진정으로 원하는 결과를 만들

어내는 능력을 키운다는 의미다. ―피터 센게

104 진심이 담긴 격려에 사람은 반드시 움직인다. ―이케다 다이사쿠

105 저는 미래가 어떻게 펼쳐질지 모릅니다. 하지만 그 미래를 누가 결정할지는 압니다. ―오프라 윈프리

106 인간은 자기의 존엄을 버리면 영원히 그 존엄성을 상실합니다. 타인의 존엄을 존중하지 않으면 자기의 존엄까지 잃게 됩니다. ―아놀드 토인비

107 긴 하루 끝에 좋은 책이 기다리고 있다는 생각만으로 그날은 더 행복해진다. ―캐슬린 노리스

108 한 시간 독서로 누그러지지 않은 걱정은 결코 없다. ―샤를 드 스공다

109 잘못된 것을 알면서 그대로 받아들이는 것은 마치 그에게 같은 잘못을 계속하도록 도와주는 것과 같다. ―요한 볼프강 폰 괴테

110 봄이란 설사 눈 녹은 진창에 발이 빠졌다 하더라도 휘파람을 불고 싶은 때이다. ―더그 라슨

111 교육이 사람을 만들기 시작하고, 대화는 사람을 완성시킨다. ―토머스 풀러

112 말하는 것은 지식의 영역이며 경청은 지혜의 특권이다. ―올리버 웬델 홈스

113 희망과 현실을 연결하는 유일한 다리는 노력이다. ―이케다 다이사쿠

114 게으름은 즐겁지만 괴로운 상태다. 우리는 행복해지기 위해서 무엇인가 하고 있어야 한다. ―마하트마 간디

115 아는 자들이여, 실천하라. 이해하는 자들이여, 가르치라. ―아리스토텔레스

116 좋은 사람을 보면 그를 본보기로 삼아 모방하려 노력하고, 나쁜 사람을 보면 내게도 그런 흠이 있나 찾아보라. ―공자

117 누구든 노예제도에 찬성한다는 이야기를 할 때마다 그에게 직접 노예 생활을 시켜

보고 싶은 강한 충동을 느낀다. —에이브러햄 링컨

118 이 세상에 열정 없이 이루어진 위대한 것은 없다. —게오르크 빌헬름

119 좋은 책을 읽지 않는 사람은 책을 읽을 수 없는 사람보다 나을 바가 없다. —마크 트웨인

120 우리는 너무 많이 생각하고, 너무 적게 느낀다. —찰리 채플린

121 우리에게 평화가 없다면, 그것은 우리가 서로에게 속해 있다는 것을 잊었기 때문이다. —테레사 수녀

122 문화의 가치를 소중히 여기는 사람이라면 평화주의자가 아닐 리 없다. —알베르트 아인슈타인

123 결코 겁을 낸 적이 없다고 감히 떠벌리는 자는 겁쟁이일 뿐이다. —페르디낭 포슈

124 행복은 미덕의 보상이 아닌, 미덕 그 자체다. —스피노자

125 애벌레가 세상이 끝났다고 생각하는 순간, 나비로 변했다. —속담

126 성공한 사람이 되려고 노력하기보다 가치 있는 사람이 되려고 노력하라. —알베르트 아인슈타인

127 인생이란 자신을 찾는 것이 아니라 자신을 만드는 것이다. —롤리 다스칼

128 나는 내가 더 노력할수록 운이 더 좋아진다는 걸 발견했다. —토머스 제퍼슨

129 성공은 매일 반복한 작은 노력의 합이다. —로버트 콜리어

130 우리는 우리가 늘 생각하는 것이 된다. 그것이 가장 묘한 비밀이다. —얼 나이팅게일

131 행동은 절망을 치료하는 해독제입니다. —존 바에즈

132 작은 기회로부터 종종 위대한 업적이 시작된다. —데모스테네스

133 그대의 하루하루를 그대의 마지막 날이라고 생각하라. —호라티우스

134 폭력이란 무능력자들의 마지막 피난처이다. —아이작 아시모프

135 선물로 친구를 사지 마라. 선물을 주지 않으면 그 친구의 사랑도 끝날 것이다. —토머스 풀러

136 사람의 눈은 그가 현재 어떻다 하는 인품을 말하고, 사람의 입은 그가 무엇이 될 것인가 하는 가능성을 말한다. —막심 고리키

137 처음에는 우리가 습관을 만들지만, 그다음에는 습관이 우리를 만든다. —존 드라이든

138 하고 싶은 일을 하기 위해 해야 하는 일을 하지 않으면 안 된다. —윤운중

139 진실한 풍요는 세상에 봉사하는 착한 마음이다. —마호메트

140 잘못을 변명하면 그 잘못이 더 두드러진다. —셰익스피어

141 사람은 노력하고 있는 동안 방황하지 않는 법이다. —요한 볼프강 폰 괴테

142 사랑받기보다는 사랑하는 사람이 되어라. —스탕달

143 스스로 일해서 얻은 빵만큼 맛있는 것은 없다. —S. 스마일스

144 하나의 선행은 다른 선행을 부른다. —존 헤이우드

145 감사의 역량에 따라 행복이 결정된다. —존 밀러

146 고마워하는 마음은 삶의 힘을 증진시켜준다. —스트리트

147 운동의 목적은 승패가 아니라 경기에 있다. —에이브러햄 링컨

148 타인의 불행 위에 자신의 행복을 구축하지 않는다. —이케다 다이사쿠

149 선한 일을 하는 것이 인생에서 가장 즐거운 일이다. —『후한서』에서

150 사람들 앞에서 한 번 칭찬받은 아이는 다음 날에는 그 2배로 공부해서 옵니다. —호세 리살

151 인간의 본성은 역경에 빠졌을 때 비로소 분명히 나타난다. —헤르만 헤세

152 좋은 기회를 헛되이 놓치는 까닭은, 그 사람이 태만하기 때문이다. —셰익스피어

153 기쁨은 승리가 아니라 투쟁과 노력 그리고 고투라는 과정 속에 있다. —마하트마 간디

154 자신을 이기는 법은 남을 돕는 일에 있다. —우치무라 간조

155 진짜 교육은 졸업 후부터 시작됩니다. —앨프리드 화이트헤드

156 고난은 가슴에는 용기를, 정신에는 빛을 준다. —프리드리히 횔덜린

157 노고는 모든 어려움을 극복한다. —베르길리우스

158 친구를 얻는 유일한 방법은 스스로 진정한 친구가 되는 것이다. —랠프 월도 에머슨

159 중요한 것은 인간이 학습하는 습관을 획득하는 것이다. 인간은 학습하는 것을 학습하는 것이다. —존 듀이

160 언제나 위대한 사상에 살고자 노력하자. —칼 힐티

161 행복은 지배해야 하고, 불행은 극복해야 한다. —독일 속담

162 유능한 사람은 항상 배우는 사람이다. —요한 볼프강 폰 괴테

163 불은 쇠를 시험하고, 유혹은 사람을 시험한다. —토마스 아 켐피스

164 독서한 사람은 비록 걱정이 있되, 뜻이 꺾이지는 않는다. —순자

165 뒤로 미루지 말고 순간순간 전력을 다해야 한다. 그것만이 진정한 행복이다. —톨스토이

166 대양의 파도는 뱃머리로 물리치고, 사람의 파도는 사람의 용기로 극복한다. —뉴질랜드 속담

167 덕이 높은 사람은 외롭지 않다. 반드시 그를 따르는 이웃이 있기 때문이다. —공자

168 만족은 도달이 아니라 노력하는 것에 있다. —이케다 다이사쿠

169 당신은 진보하지 않는 한 퇴보하는 것입니다. 목적을 높게 세워야 합니다. —플로렌스 나이팅게일

170 살아가기 위해 배워라, 배우기 위해 살아라. —괴테의 어머니

171 불이 붙지 않은 양초는 다른 사람을 비출 수가 없다. —라빈드라나트 타고르

172 행동이 아름다운 사람이 가장 아름답다. —마하트마 간디

173 승리는 가장 끈기 있는 사람에게 돌아간다. —나폴레옹 보나파르트

174 비장의 무기는 아직 나의 손에 있다. 그것은 희망이다. —나폴레옹 보나파르트

175 선을 행한 사람만이 명예를 얻을 가치가 있다. —아리스토텔레스

176 우리는 자신의 힘을 시험하는 것에 의해서만 비로소 자신의 힘을 알 수 있다. —임마누엘 칸트

177 중요한 것은 자기 인생을 해치지 않는 것입니다. 그러기 위해서는 자신을 연마해야 합니다. —시몬 베유

178 어리석은 사람은 남을 비방한다. —『정관정요』에서

179 인간은 가장 커다란 시련에 처했을 때 가장 커다란 가능성을 발휘할 수 있다. —에드워드 댄 롭

180 성실한 태도에는 반드시 보답이 있다. —보에티우스

181 배려와 우정은 인간으로서 가장 경애해야 할 것 중 하나다. —작가 미상

182 독서는 정신의 음악이다. —소크라테스

아이들이 쓴 글그릇 키우기 글모음

* 아이들 글은 비문이나 오탈자 그대로 실었다.

누구나 보석을 지니고 있다. 다만 캐내지 않아 잠들어 있을 뿐. —이어령

- 보석을 캐내지 않는다면 보석은 깨어나지 않고 계속 잠이 들어 있을 것이다. 보석을 캐내는 방법은 아무도 없을 때 내가 무엇을 하는지에 따라 결정된다.

- 누구나 장점이 있다. 하지만 그걸 모르고 자신의 단점만 생각하고 나는 장점이 없구나 생각한다. 그렇게 생각하지 말고, 나도 장점이 있다, 나도 잘하는 게 있다고 생각해야 한다.

바람이 불지 않을 때 바람개비를 돌리는 방법은 앞으로 달려나가는 것이다. —데일 카네기

- 바람이 불지 않을 때는 내가 달려서 바람을 만들어 바람개비를 돌리면 된다. 기회가 오지 않을 때는 내가 열심히 하여 기회를 만들면 된다.

별을 보려면 어둠이 꼭 필요하다. —정호승

- 무언가 어려운 것을 해낼 때는 꼭 옆에서 도와주는 사람이 있어야 한다는 뜻 같다. 별을 볼 때 어둠이 꼭 필요한 것처럼 말이다.

말도 아름다운 꽃처럼 그 색깔을 지니고 있다. —E. 리스

- 이 글을 보고 나는 공감했다. 아름다운 말을 사용하면 말에 꽃이 피고 색깔이 아름답겠지만, 반대로 욕은 검은색일 거 같다는 생각을 했다. 내 말에 검은색이 안 보이도록 예쁜 말을 쓰기 위해 노력해야 한다고 느꼈다.

당신은 움츠리기보다 활짝 피어나도록 만들어진 존재입니다. —오프라 윈프리

- 이 글을 읽고 드는 나의 생각은 실패했다고 주눅 들지 말고 다시 한번 도전해 보자였다. 내가 방금 친 재시험처럼.

오늘은 당신의 남은 인생 중, 첫 번째 날이다. —영화 〈아메리칸 뷰티〉에서

- 우리는 우리의 인생이 길다고 생각하지만 길든, 안 길든 그건 아무도 모르는 일이다. 하지만 내가 하루하루를 살 때 나의 인생 시간이 줄어드는 건 사실이다. 가끔 이런 생각을 할 때면 죽음과 삶에 대해 더 배워보고 싶다고 느꼈지만, 기회가 없어서 못 배워보곤 했다. 조만간 한 번 배워보거나 알아봐야겠다고 느꼈다.

- 오늘이 남은 날 중에 가장 젊은 날인 것처럼 오늘도 남은 인생 중 첫 번째 날인 거와 같다. 사실상 오늘은 아무 날이 될 수 있다. 오늘 하루를 알차게 보내야지, 게임하고 스마트폰만 해서 시간을 버린다면 허무하고 후회할 것이다. 반대로 알차게 보내면 앞으로 더 그런 하루를 살아야겠다고 다짐하면서 성장할 것이다.

- 내가 태어난 게 너무 좋다.

잘못된 것을 알면서 그대로 받아들이는 것은 마치 그에게 같은 잘못을 계속하도록 도와주는 것과 같다. —요한 볼프강 폰 괴테

- 어떤 선생님들이 학생들을 가르칠 때 잘못된 것을 잘못되었다고 말하고 혼내면 학부모들에게 컴플레인이 걸리니까 그대로 놔두는 경우가 있는데 가르치면 뭐라고 하고 가르치지 않으면 또 가르치지 않는다고 뭐라고 해서 어찌할 수 없는 건 사실인 것 같다는 생각이 든다. (힘내세요 ㅠㅠ).

- 이 글을 읽고 드는 나의 생각은 잘못된 것을 지적하는 것은 선생님의 일이니 나는 모범만 보이자였다.

사람들 앞에서 한 번 칭찬받은 아이는 다음날에는 그 2배로 공부해서 옵니다.
—호세 리살(필리핀 독립의 아버지)

- 칭찬은 정말 신기한 것 같다. 누군가에게 용기가 될 테니까. 이럴 때면 칭찬은 위로와 마찬가지다. 내가 슬플 때, 속상할 때 위로를 받고 다시 시작하는 것처럼, 칭찬은 누군가에게 전하면 그 사람이 "누군가가 내 노력을 알아준다"라는 마음이 들어서 유독 더 잘하려고 애쓰는 것 같다. 졸업이 정말 얼마 안 남았다. 지금이라도 나의 한마디가 남에게 울리도록 칭찬을 전해야겠다고 느꼈다. 나의 사소한 말과 행동부터 그 사람에게 용기가 되고 싶다.

추위에 떤 사람일수록 태양의 따뜻함을 느낀다. —월터 휘트먼

- 나는 추위에 떠는 사람이 힘든 사람이라고 생각한다. 또 태양과 같은 사람은 도와주는 사람이라고 생각했다. 이렇게 나는 추운 사람을 따뜻하게 해주는 태양과 같은 사람이 되고 싶다. 또 태양과 같은 사람이 되도록 노력하겠다.

한마디의 말이 날카로운 칼이 되기도 하고 혹은 꽃처럼 따뜻하고 부드럽기도 하다. 어느 쪽을 택할 것인가는 본인의 마음에 달려 있다. —토머스 제퍼슨

- '나' 자신의 말 한마디가 남에게 칼이 되는지 꽃이 되는지 신중히 택하고 말을 해야 한다. 나의 말이 칼이라면 남은 마음에 상처가 생기고, 나의 말이 꽃이라면 남의 얼굴에는 미소가 생긴다. 그래서 생각을 하지 않고 말을 함부로 해서는 안 된다고 생각한다.

가족 숙제 예시

- 가족과 추워지면 먹고 싶은 음식 이야기 나누기
- 가족에게 오늘 본 <사랑의 묘약> 오페라 이야기하기
- 가족과 추워지면 먹고 싶은 음식 이야기 나누기
- 가족 모두의 스크린 타임(스마트폰 이용 내역)을 확인해보고, 서로의 스마트폰 사용에 관해 의견 나누기
- 가족과 함께 바닥에 누워서 눈 감고 1분 시간 맞추어 눈뜨기 해보기
- 가족과 함께 숫자 받아쓰기(4개, 5개, 6개 숫자 불러주고 거꾸로, 큰 수부터, 작은 수부터 써보기)
- 화장실 바닥 머리카락 치우기
- 가족에게 도덕 시간에 배운 내용 설명하기
- 가족과 함께 가을과 관련된 노래 소개받고 함께 듣기
- 가족의 발 마사지해드리기
- 가족에게 가을에 어울리는 좋은 책 추천받기
- 책가방과 필통 정리하기
- 가족과 어릴 때 사진 함께 보기
- 가족 스마트폰 닦아드리기
- 냉장고 손잡이 얼룩 닦기
- 가족 얼굴 마사지해드리기
- 가족과 고마운 일, 미안한 일, 바라는 일에 관해 이야기 나누기
- 가족 앞에서 10월의 시 암송하기
- 가족과 함께 따뜻한 물에 5분간 발 담그기
- 1분 동안 몇 번 숨을 내쉬는지 세어보기
- 세면대 물때 닦기

- 영어 시간에 배운 내용 외워서 가족에게 말씀드리기('This movie'부터~'It's cheap'까지)
- 가족 어깨 마사지해드리기
- 화장실 세면대 손잡이 얼룩 닦기
- 현관문 옆모서리 먼지 닦기
- 신발장 속 신발 먼지 닦기
- 「달이 떴다고 전화를 주시다니요」 시를 가족과 같이 읽어보기
- 12월의 시 「내 인생에 가을이 오면」에 소개된 다섯 가지 질문을 가족과 나누기
- 『아름다운 아이 줄리안 이야기』(R. J. 팔라시오 지음, 책과콩나무) 책 줄거리 소개하기
- 이 책 주인공 줄리안이 어거스트를 싫어한 이유 설명하기

참고문헌

데일 브레드슨, 『알츠하이머의 종말』, 토네이도, 2018.
리디아 덴워스, 『우정의 과학』, 흐름출판, 2021.
매슈 워커, 『우리는 왜 잠을 자야 할까』, 열린책들, 2019.
바버라 베이그, 『하버드 글쓰기 강의』, 에쎄, 2011.
산제이 굽타, 『킵 샤프』, 니들북, 2021.
수잰 코킨, 『어제가 없는 남자, HM의 기억』, 알마, 2014.
스타니슬라스 드앤, 『우리의 뇌는 어떻게 배우는가』, 로크미디어, 2021.
에드 트로닉, 클로디아 M. 골드, 『관계의 불안은 우리를 어떻게 성장시키는가』, 북하우스, 2022.
앤절라 더크워스, 『그릿』, 비즈니스북스, 2019.
에드워드 할로웰, 『하버드 집중력 혁명』, 토네이도, 2015.
캐롤 드웩, 『마인드셋』, 스몰빅라이프, 2017.

B

Baddeley, A. D.(2012). Working Memory: Theories, Models, and Controversies. *Annual Review of Psychology*, Vol 63, 1-29.

Bandura, A., Underwood, B. & Fromson, M. E.(1975). Disinhibition of aggression through diffusion of responsibility and dehumanization of victims. *Journal of Research in Personality*, 9(4), 253-269.

Bandura, A. & Zimbardo, P. G., et al(2000). Prosocial Foundations of Children's Academic Achievement. *Psychological Science* 11(4), Pages 302-306.

Beilock, S. L. & Fine, R. D., et al(2018). Reducing socioeconomic disparities in the STEM pipeline through student emotion regulation. *Psychological and Cognitive Sciences*, 116(5) 1553-1558.

Boehm, Julia K. & Lyubomirsky, Sonja(2008). Does Happiness Promote Career Success?. *Journal of Career Assessment*, 16(1), 101-116.

Bolton, G, Howlett, S. Lago, C. & Wright, J. K.(2004). *Writing cures*. Routledge.

Borman, G. D., Rozek, C. S. et al(2018). Reappraising academic and social adversity improves middle school students' academic achievement, behavior, and well-being. *Psychological and Cognitive Sciences*, 116(33), 16286-16291.

C

Carp, J., Fitzgerald, K. D., Taylor, S. F., & Weissman, D. H.(2012). Removing the effect of response time on brain activity reveals developmental differences in conflict processing in the posterior medial prefrontal cortex. *NeuroImage* 59(1), 853-860.

Chein, J. M., & Fiez, J. A. (2010). Evaluating models of working memory through the effects of concurrent irrelevant information. *Journal of Experimental Psychology* 139(1), 117-137.

Cowan, N.(2001). The magical number 4 in short-term memory: A reconsideration of mental storage capacity. *Behavioral and Brain Science*, 24, 87-185.

F

Froh, J. J.& Yurkewicz, C. et al(2009). Gratitude and subjective well-being in early adolescence: Examining gender differences. *Journal of Adolescence*, 32(3), 633-650.

H

Hattie, J. (2009). *Visible Learning*. Routledge.

Horn, J. L. & Cattle, R.B.(1967). Age differences in fluid and crystalized intelligence. *Acta Psychology* 26, 107-129.

K

Kahneman, D., Fredrickson, B. L., Schreiber, C. A., & Redelmeier, D. A.(1993). When More Pain Is Preferred to Less: Adding a Better End. *Psychological Science*, 4(6), 401-405.

L

Lee, k. h., Siegel, G. J., et al(2014). Neural responses to maternal criticism in healthy youth. *Social Cognitive and Affective Neuroscience*, 10(7), 902-912,

Lyubomirsky, S., King, L., & Diener, E.(2005). The Benefits of Frequent Positive Affect: Does Happiness Lead to Success?. *Psychological Bulletin*, 131(6), 803-855.

M

Masten, A. S., & Reed, M. G. J.(2002). Resilience in development. In C. R. Snyder & S. J. Lopez (Eds.). *Handbook of positive psychology*, 74-88, Oxford University Press.

N

Nevo, E. & Breznitz, Z.(2013). The development of working memory from kindergarten to first grade in children with different decoding skills. *Journal of Experimental Child Psychology*, 114(2), 217-228.

'Nuri gene cos'-Traumatic Stress Service, Clinical Treatment Centre(2006). Post Traumatic Stress Disorder: The Management of PTSD in Adults and Children in Primary and Secondary Care. *Psychiatric Bulletin*, 30(9), 357.

P

Park, N. & Peterson, C.(2006). Moral competence and character strengths among adolescents: The development and validation of the Values in Action Inventory of Strengths for Youth. *Journal of Adolescence*, 29(6), 891-909.

Prime, D. J.& Jolicoeur, P.(2010). Mental Rotation Requires Visual Short-term Memory: Evidence from Human Electric Cortical Activity. *Journal of Cognitive Neuroscience*. Issue 11, 2437-2446.

R

Ryan, R. M. & Deci, E. L.(2000). Self-determination theory and the facilitation of intrinsic motivation, social development, and well-being. *American Psychologist*, 55(1), 68-78.

T

Tversky, A. N. & Shafir, E.(1992). CHOICE UNDER CONFLICT: The Dynamics of Deferred Decision. *Psychological Science* 3(6), pp. 358-361.

W

Wiggins, G.(2012). *Educational Leadership*, 20(1)-10, ASCD.

Y

Yeager, D. S. & Duckworth A. L. et al(2014). Boring but Important: A Self-Transcendent Purpose for Learning Fosters Academic Self-Regulation. *Journal of Personality and Social Psychology*, 107(4), 559-580.